格雷厄姆
经典投资策略

VALUE INVESTING MADE EASY

Benjamin Graham's Classic Investment Strategy Explained for Everyone

〔美〕珍妮特·洛（Janet Lowe）著　　李曼 译

机械工业出版社
CHINA MACHINE PRESS

图书在版编目（CIP）数据

格雷厄姆经典投资策略 / （美）珍妮特·洛（Janet Lowe）著；李曼译. —北京：机械工业出版社，2018.6（2023.3 重印）

（华章经典·金融投资）

书名原文：Value Investing Made Easy: Benjamin Graham's Classic Investment Strategy Explained for Everyone

ISBN 978-7-111-60164-7

I. 格… II. ① 珍… ② 李… III. 投资 - 经验 - 美国 IV. F837.124.8

中国版本图书馆 CIP 数据核字（2018）第 111904 号

北京市版权局著作权合同登记　图字：01-2018-2426 号。

Janet Lowe. Value Investing Made Easy: Benjamin Graham's Classic Investment Strategy Explained for Everyone.

ISBN 0-07-038859-8

Copyright © 1996 by Janet Lowe.

格雷厄姆经典投资策略

出版发行：机械工业出版社（北京市西城区百万庄大街 22 号　邮政编码：100037）

责任编辑：林晨星

责任校对：殷　虹

印　　刷：北京虎彩文化传播有限公司

版　　次：2023 年 3 月第 1 版第 7 次印刷

开　　本：147mm×210mm　1/32

印　　张：8.75

书　　号：ISBN 978-7-111-60164-7

定　　价：59.00 元

客服电话：（010）88361066　68326294

版权所有·侵权必究

封底无防伪标均为盗版

目录

第3章　在利润表中确定增长 / 61

推荐序一

　　在投资市场上，有许许多多种理论。但是，我经常和大家说，其实我们根本不需要那么多的理论。我有一句玩笑话：人这一辈子，只要能学到沃伦·巴菲特十分之一的本事，赚到他百分之一的钱，或者学到他百分之一的本事，赚到他千分之一的钱，也就够用了。想想看，这句话虽然是玩笑，但是讲的绝对没错：巴菲特身价几千亿人民币，千分之一难道还不够用吗？

　　既然学巴菲特就足够，那么为什么投资者还要劳神费力地去学其他的方法呢？而聪明的巴菲特，也没有自己努力创造什么新的投资方法。巴菲特师从本杰明·格雷厄姆，他经常说自己是85%的格雷厄姆加上15%的菲利普·费雪。换言之，巴菲特的意思就是，他的理论并没有多少原创的内容，只不过是85%格雷厄姆的方法，加上15%费雪的方法而已。这话虽然谦虚，却也是事实，毕竟资本市场的真理只有一个，而如果格雷厄姆和费雪已经找到了它，巴菲特又何以发明"新的真理"呢?

　　然而,几千年前中国的老子就说过,"大道甚夷,而人好径"。大路多么好走,宽敞又平坦,但是有人就是喜欢抄小道,喜欢另辟蹊径,喜欢自己发明创造一些奇奇怪怪又不好用的方法。

　　在资本市场上,这种现象尤其明显。对于那些有足够资本市场经验的人而言,他们一定不会否认一个事实:许多投资者都有自己发明创造或者道听途说得来的投资方法。这些投资方法有看 K 线图的,有听小道消息的,甚至有靠做梦梦到投资机会的。(不瞒你说,根据梦里的指示来买卖股票的方法,我还真听过不止一次。)这些方法有用吗?没用,但是人们就是喜欢用它们。

　　对于聪明的价值投资者来说,他们在对这个市场的荒谬和奇异叹息的时候,一定不会拒绝利用这种混乱。这种市场的混乱一方面让人扼腕,另一方面会给有准备的价值投资者带来无穷无尽的投资机会。这就像打牌,你当然希望你的对手刚喝了半斤二锅头,摇摇晃晃连自己的牌都拿不稳。如果你对面坐着一个清醒、西装革履的数学博士,他一边从自己的金丝眼镜里打量你的一举一动,一边小心地捻开自己的牌,你一定会觉得不寒而栗。

　　在过去的几百年里,科技已经把我们这个社会改变得天翻地覆。今天,许多过去的工作已经不再存在,喂养马

四、打字、收发信件、磨豆腐这些工作，都已经被机器取代。但是，证券投资行业，却像山岳一般屹立在我们今天这个社会。今天，证券交易所的投资者所面对的市场，从本质上来说，和几百年前南海泡沫、郁金香泡沫时期的投资者所面对的，并没有两样。而如果一个聪明的投资者想要在今天的资本市场立足，他一定不会放弃那些前人的智慧。

不过，格雷厄姆和巴菲特的著述浩如烟海，很多时候让普通投资者感觉难以入手。比如，巴菲特就从来没有写过概括性的投资著述，他所有的智慧都散落在一大堆的股东信和语录中。而格雷厄姆的时代离我们已经很远，他留下来的思想，无论文字还是案例，都难以为今天的投资者所轻松接受。这时候，一些概括性的著述，就显得尤其必要。

这本《格雷厄姆经典投资策略》，从价值投资的方法论、财务分析手段、企业研究方法、投资组合的管理等多个角度，把格雷厄姆以及他的得意门生巴菲特的投资逻辑，以很简单明了的方法排列在一起。对于刚入门的投资者，以及那些对价值投资不甚了解的投资者来说，这本书是很有价值的。而对于那些已经深谙价值投资理论的人来说，以一种轻松明快的方式重温价值投资的智慧，也不无裨益。

千招会不如一招熟。愿这本小书，能把本杰明·格雷厄

姆和沃伦·巴菲特的投资智慧带给你，给你的投资带来扎实
的价值投资招数，为你的财务健康添砖加瓦。

陈嘉禾

信达证券首席策略分析师

研究开发中心执行总监

推荐序二

成功的投资者，就如同成功的医生一样，必须对各种数字所表示的复杂事实有很好的理解，而且要将其适当地应用于现实生活中。但如果投资的艺术真的简单易懂，并能被轻松掌握，那么社会就不会有贫困阶级和中产阶级了。

尽管如此，还是有很多经验教训需要学习。想要成为一个成功的投资者，学习是必不可少的。证券价格就像海浪一样波动——一会儿平静无波，一会儿又波涛汹涌。精明的投资者必须估计可能出现的金融环境，以及未来可能怎么变化。他们必须抵制随波逐流：当每个人都在赚钱时，这些投资者应知道下跌马上就要来了。

当前（1996年）股市的持续上涨，让人不免回想起1929年和1968年的市场。上涨的市场吸引非投资者借入资金或降低保证金，前赴后继地加入投机游戏。如今，低价的股票期权已经取代了高价的股票，成为市场追逐的目标。公众沉迷于每天的价格涨跌。未来的股价最终会由长期的经济走势决定，但这一点很少被人注意到。

这轮牛市导致各种基金集中发行，目前市场上已经有超过6000只共同基金，因此无论是在类型还是在规模上，投资者都有广泛的选择空间。但是，大多数基金都由缺乏经验的年轻基金经理管理，他们没有经历过股市的大起大落。大多数基金经理都难以维持稳定的年度投资业绩，这表明预测总体市场走势是多么的不可靠。

1931～1956年，在哥伦比亚大学担任本杰明·格雷厄姆的教学助理期间，我有机会详细研究了价值投资这一方法。这种方法是避免盲目从众、保护投资者免受证券市场不可预测的变动影响的最佳投资方法之一。长期以来，我在管理自己的投资管理公司——卡恩兄弟公司时，一直践行着格雷厄姆所教导的原则。

大多数读者都会多多少少认识一两个人，他的投资事业很成功——找到那个人。如果你的财力负担得起，请在较长时间内，比如好几年，跟随一个声誉良好的投资经理来进行投资，而不是一周一次地轮番换人。不要相信仅为谋取私利而盲目看多的公司的宣传资料。例如，管理层的股票回购计划可能意味着下跌就要开始了。

珍妮特·洛与美国许多非常成功的投资者有着广泛的接触，因而能以简单易懂的语言向读者介绍他们的投资方式。她提供了大量的指导性建议，尤其是关于如何避免购买估值过高的股票这一点。

在极端保守主义者格雷厄姆和垄断主义投资者巴菲特之间，存在足够多的投资方法，总会有一种方法符合你自己的风险报酬偏好，也适合你的资本需求和生活方式。

《格雷厄姆经典投资策略》这本书具有扎实的研究基础，并且脉络清晰，简单易懂。投资新手可以找到各种各样的投资方法，使他们的财富不断增长。当做某项具体投资决定变得困难时，重读洛的书，会让你少犯错误，避免亏损。

欧文·卡恩

与格雷厄姆共事 27 年的助教

卡恩兄弟集团创始人、董事长

华尔街最年长职业投资人

当《本杰明·格雷厄姆论价值投资——华尔街教父的投资锦囊》于1994年出版时，读者经常问我，是否打算写一本《格雷厄姆和多德让投资更容易》。当然，他们所指的是《证券分析》的作者本杰明·格雷厄姆和戴维·多德。我写的那本书似乎不能满足他们的需求。其实，我在那本书中讲述了推动证券分析领域向专业化发展的驱动力——格雷厄姆的故事，讲述了他戏剧性的一生，以及他的投资哲学是如何发展至今的。

读者一次又一次地提出明智的问题，他们让我意识到，他们想更多地了解格雷厄姆的投资原则、格雷厄姆和多德著作的相关知识，以及价值投资的基本原理。最重要的是，他们希望这些信息以一种简单易懂的形式出现。他们寻找的正是《格雷厄姆经典投资策略》。

《证券分析》——格雷厄姆和多德的权威著作，至今仍被称为证券分析的"圣经"，第1版于1934年出版。格雷厄姆的第二部经典著作《聪明的投资者》，于 1954 年出版。这两本书不断再版，如今在书店和图书馆的书架上仍然能找到它们，我强烈推荐大家阅读这两本书。

尽管拥有惊人的畅销纪录，但格雷厄姆有时还是会把自己的书称为"最常被引用，却最少被投资者真正阅读的书"。这种说法过于自谦了。即使是现在，格雷厄姆和多德仍然拥有一批忠实的追随者。然而，如今的一些投资者可能确实不太愿意阅读格雷厄姆和多德的著作。生活是如此忙碌，以至于许多投资者在阅读一本 850 页的书之前都会犹豫不决。此外，今天所面临的挑战不同往昔。市场规模扩大了，产业格局也发生了变化：纳斯达克交易所，最初是为规模较小的公司而设立的市场，如今已经在投资领域中占据了前所未有的重要地位；跨国公司和外国公司的证券在个人投资者的投资组合中也占有越来越重要的地位；为了吸引投资者的注意力，公司间的竞争愈发激烈。最后，同样重要的一点是，我们希望自己的投资组合能够超越亲戚、邻居和同事的投资组合，这一愿望异常强烈。

那些仍然喜爱并尊重格雷厄姆和多德的投资者，无论是个人投资者还是专业投资者，他们可能不知道如何将两位的学说应用于当下。本书的目的就是运用简单的语言来介绍价值投资的基础原则，并向投资者展示这些原则如何在今天，甚至下一个千禧年仍然适用。为此，我借用了格雷厄姆和多德一些非常成功的写作和教学技巧。

沃伦·巴菲特、沃尔特·施洛斯、欧文·卡恩及其他在哥伦比亚大学和纽约金融学院接受过本杰明·格雷厄姆教导的人说，他的教学是真实的、有意义的。这是因为格雷厄姆引用的都是现实生活中正在发生的案例。实际上，他的课堂案例分析经常与上课当天股市发生的情况有关。因此，他的教导可以立即付诸实践，他的学生经常在第二天上班时，根据前一天晚上学到的知识执行交易。

我在这本书中采用了一些格雷厄姆的教学方法，如通过现实存在的公司的真实故事来展示某个投资概念是如何发挥作用的。这样读者就能直观地看到价值投资的原则仍然有效。这就是本书的内容——最初由格雷厄姆和多德构建，之后又被数十位杰出的投资者实践并改进的价值投资指南。

这本书并不是一篇让各种投资原则一较高下的学术论文。在遇到争议性话题的时候，我将用简单的术语给出倾向于价值投资的论点。专业价值投资者惊人的历史业绩已经说明了一切，而那些不相信价值投资的人可以在其他地方进行更深入的探讨。

过去，有效市场假说和随机漫步理论被视为价值投资并不管用的佐证。我曾看过一个将黑猩猩与投资专家进行对比的电视节目，几周后，电视摄制组跟踪结果，发现也许黑猩猩做得更好。诚然,一些所谓的投资专家并不比黑猩猩强多少,但是到目前为止,我还没有听说有哪位成功且富有的投资者愿意把一个投资组合交给一只扔飞镖的黑猩猩。如此多的人把钱交到专业管理者手中,这一事实本身就在一定程度上表明,即使有学术研究支持,但实战派的人仍然不相信"有效市场""随机漫步"等类似理论。近年来,学术研究也开始摒弃这些理论,转而更相信常识。

本书可供专业投资者和个人投资者共同阅读,但我想向那些担心价值投资过于技术化而难以掌握的投资者讲这样一个小故事。

在写这本书的时候,我遇到了一个酷爱骑马的女商人,她喜欢骑马越过高高的栅栏。当得知我写的是关于投资的文章时,她表示非常感兴趣:"我不敢买股票。如果价格下跌,我赔钱了怎么办?"然后她又补充说:"当然,我有一个非常信任的股票经纪人,他会帮助我做决定。"

最后一句话她说得底气不足。随着我们交流的深入,我意识到困扰她的并不是她的经纪人能力水平的高低,而是她自己对投资知识的缺乏。"我常在电视上看《每周华尔街》。那些人都是专家,但他们还是经常犯错。我的经纪人很诚实,但他也可能会犯错。"她说。我给她的建议是,如果她能更好地理解经纪人的投资行为,便能更好地判断经纪人的表现,她就会更加信任她的经纪人。

"如果一个初学者骑着一匹活蹦乱跳的小马，试图跨越一个约 1.2 米高的障碍栏，她会有什么感觉？"我问道。

"她会被吓坏的，她很可能会被甩下马，甚至可能会受伤。"这位女士回答说。

虽然我不想暗示投资证券和骑马有很多共同点，但其中有些经验教训是可以借鉴的。无知会增加我们被抛弃的可能，知识的匮乏会让我们紧张、疑神疑鬼，一旦出了什么差错，我们就会心生怨恨。

当买房、买车或咨询医生时，我们会试图尽可能多地了解整个过程，以便参与决策，判断别人给出的建议是否合适。房子和健康如此重要，我们必须亲自负责并参与决策。

同样地，我们的金钱也太重要了，所以我们不能简单地把我们自己的责任丢给他人，不管这个人是多么的知识渊博、多么的诚实。我的这位朋友既然有勇气和技巧骑马越过高高的白色栅栏，那她当然可以掌握价值投资的原则。通过训练和实践，她甚至会享受这种过程的乐趣。投资和骑马一样，是有风险的，但是你懂的越多，风险就越低；你懂的越多，乐趣就越大。

她和各位读者会发现，格雷厄姆的投资学说可以用简单直白的语言来表述，但其中可以蕴含深刻的道理。每个人都能明白这些道理并从中受益。这本书的目的就在于简化格雷厄姆和多德的一些学说，然后传递给读者。"我们一直在努力提醒学生们，不要过分看重表面的和暂时的东西。"两位作者在《证券分析》第1版的序言中这样写道。在《格雷厄姆经典投资策略》这本书中，这一目的依然没有改变。

在本书中，每隔几个段落读者就会发现这样的图标：

图标中那些坚固的柱子后面是一段引文，大多数都引自被公认为"价值投资之父"的格雷厄姆先生。如有标注，则可能引自格雷厄姆和多德合著的《证券分析》一书。

我无意取代或更新格雷厄姆和多德的著作，或格雷厄姆自己写的书。私以为，通过阅读本书，有了一定准备之后，一些之前犹豫不决的读者在阅读《聪明的投资者》和《证券分析》时可能会感觉更好。但愿如此，那将是一次独特而有启发的经历。

在开始阅读之前，这里有一些说明和建议。

对某些人来说，《格雷厄姆经典投资策略》所倡导的价值投资原则，似乎忽略了商业世界的道德、伦理和哲学等方面的内容。它将重点放在了投资的定量因素和定性因素两个方面，虽然没有探讨投资的道德伦理问题，但并不意味着这一主题不重要。道德投资与价值投资原则并不冲突，而且其完全可以有效地融入价值投资的原则中。所有的投资者都应该能够找到与他们的信仰体系相适应的价值股。

在本书的最后，有一个重要的部分——术语表。许多读者希望在开始阅读本书之前，先查阅术语表，其中有些术语可能比较新，甚至可能接近行话。尽管我尽量避免使用晦涩或过于复杂的用语，但有时这也是不可避免的。术语表的目的就是不让那些满嘴行话的人得逞——他们总是将投资新手排除在核心圈子之外。

最后，感谢所有让这本书的问世成为可能的人。感谢奥斯汀·莱纳斯（Austin Lynas）在编辑和研究方面的协助；感谢我的文稿代理人艾丽斯·弗里德·马特尔（Alice Fried Martell）；感谢我的编辑戴维·康蒂（David Conti）；还要感谢沃伦·巴菲特（Warren Buffett）、查尔斯·布兰德斯（Charles Brandes）、阿瑟·Q.约翰逊（Arthur Q. Johnson）、弗兰克·K.马丁（Frank K. Martin）、杰里·林格（Jerry Ringer），以及其他许许多多的人。

第 1 章

价值投资的优势

知道本杰明·格雷厄姆的人很多，但是令人困惑的是，真正效仿他做投资的人很少。我们在年度报告中以简单易懂的方式详尽描述了我们的投资策略，投资者们可以很容易地做跟随投资。但是，投资者们感兴趣的仅仅是：今天我应该买什么股票？正如格雷厄姆一样，我们广为人知，但鲜少有人效仿。[1]

——沃伦·巴菲特

沃伦·巴菲特，奥马哈市的亿万富翁，是在1995年伯克希尔-哈撒韦公司的股东大会上说出以上这段话的。就在这次大会的几个月前，他在迪士尼公司收购美国广播公司的并购案中赚取了21亿美元的利润，为其控股公司创造了一笔可观的年度盈利。沃伦·巴菲特经常向他的良师益友、精神导师以及前任雇主——已故的本杰明·格雷厄姆致敬。

令巴菲特困惑的是，无数投资者追逐并奉行一个又一个华尔街风潮，但真正安全且高回报的投资秘诀其实就在他们的眼皮底下，并已存在了数十年。在20世纪初期，价值投资的基本原理就已被使用，这些原理帮助投资者们在20世纪的大牛市和大熊市中生存下来并获取了丰厚的收益。格雷厄姆运用他的投资策略经受住了史上最严峻的一次考验——1929年股市大崩溃。

尽管被称为"价值投资之父"，但当格雷厄姆开始在哥伦比亚大学授课时，并未给其投资理念命名，他的目标仅仅是提出一种合理又务实的投资方法。到1934年，在格雷厄姆和戴维·多德合著影响深远的《证券分析》时，他的理念也未曾改变。这本书成了一本经典著作，也成了无数杰出投资者的指路明灯。

价值投资概述

价值投资者购买一家公司的股票时，如同购买整个公司，其很少关心股市短期的波动、政治环境或其他外部因素。

价值投资者购买一只股票就和他正在购买一家街角的商店一样，看起来就是这么简单。在这个过程中，他可能会思考一系列问题：这家小商店的财务状况是否稳健？我是否会因此承担巨额债务？购买价格是否涵盖了建筑物和土地价值？商店能否创造稳定且强劲的收入流？我的投资能取得什么样的回报？商店的销售额和利润增长是否有潜力？

当投资者对以上问题能得到满意的答案，并且能以低于未来实际价值的价格购买这家商店时，他就找到了便宜货。此时，他便做了一笔价值投资。

当然了，这只是一个简单的类比，毕竟用一家小商店做例子，比用国际产业集团（例如联合利华、杜邦或戴姆勒－奔驰等公司）要容易理解得多。

在格雷厄姆晚年的一次演讲中，他这样描述了他的投资方法：

> 我的声誉（无论是一直以来的，还是最近被授予的）似乎都与"价值"有关。但我真正感兴趣的是价值中那些直观且确凿的方面，如盈利能力和表明资产负债表状况的基本要素，至于每个季度销售额增长率的微小变化，或者如何计算主营业务收入的明细分项这类问题，我并不关心。最重要的是，我不对未来进行预测。[2]

在上面这段话中，格雷厄姆的重点是：关注那些真正重要的事情。

从基础做起

现在的投资者可能会通过目前流行的一个词——"自下而上的投资策略"，来了解价值投资。塞斯·卡拉曼，一名来自波士顿的成功的投资经理，将格雷厄姆的多种理念诉诸实践，其被称为"自下而上的投资者"或"微观投资者"。

《格兰特利率观察家》双周刊的出版人詹姆斯·格兰特这样评价塞斯·卡拉曼："即使他对戈尔巴乔夫、德国债市、商业周期或全球债券收益率曲线有什么见解，他也不会因此联系他的经纪人。他不会讨论'支撑线'或'压力线'，甚至很少像大波士顿地区的大多数白领一样关心美联储的政策。卡拉曼'自下而上'做投资，而不是'自上而下'，正如他自己所说，'我投资的是个别公司的价值'。"[3]

卡拉曼曾经说过："自上而下的投资者总是花费太多的精力来研究经济下行程度，或者研究市场中有多少人将减仓。而自下而上的投资者关注的是他们所购买的价值。当市场整体下挫时，他们做投资前也会考虑再三，但是一旦发现具有足够吸引力的价值标的时，他们会毫不犹豫地出手。"[4]

詹姆斯·格兰特是格雷厄姆的忠实拥护者，他甚至将自己的一本书命名为《留心市场先生》，其借鉴了格雷厄姆在哥伦比亚大学授课时经常提到的"市场先生"的寓言故事。我们将在本书第7章中详细介绍令人混乱的"市场先生"。

价值投资巨星

即使有像巴菲特和卡拉曼这样享誉盛名且战绩卓越的价值投资者，安德鲁·巴里在1995年《巴伦周刊》介绍九旬高龄的证券投资者欧文·卡恩时，仍然指出："如今华尔街上能被称为纯粹价值投资者的人寥寥可数。"[5] 尽管如此，价值投资者所取得的成就却是斐然的，并且其中最为成功的投资者几乎都是本杰明·格雷厄姆的门徒。

1976年，巴菲特在哥伦比亚大学追悼格雷厄姆，在其所做的著名颂词中，他将那些追求价值的精英团体称为"格雷厄姆-多德式的超级投资者"。巴菲特本人经常摘取"美国首富"的桂冠（每年他与比尔盖茨的竞争，仅仅是巨额财富基数上微小变动率的比较）。他经营的伯克希尔-哈撒韦公司的市值超过250亿美元，甚至因为5位数的股价为人诟病，但其在纽约交易所各种行情榜中还是占据高位。在长达30年的投资生涯中，巴菲特为其投资者创造了约28.6%的年均投资回报率，标准普尔500指数的年收益率落后其约10%。

欧文·卡恩，纽约卡恩兄弟公司的创办者，也是本杰明·格雷厄姆的长期合作伙伴，其名声稍逊于巴菲特，但同样在金融业内颇负盛名。他和两个儿子共管理约2.5亿美元的证券，1990～1994 年时，卡恩兄弟公司管理的股票组合年均收益率达到 19.3%。

除了卡恩兄弟之外，另外几个值得信赖并蓬勃发展的公司包括特威迪布朗、红杉基金、沃尔特和埃德温施洛斯有限合伙人公司、以加利福尼亚为主要投资市场的布兰德斯投资合伙公司、加拿大彼得·康迪尔公司及宾夕法尼亚共同基金的经营者探索顾问公司，这些公司的年投资回报率都在13%～20%。显然，增长导向型基金和全球型基金并非赚取长期收益的唯一途径，如表 1-1 所示。

表 1-1 投资回报对比表

投资者类别	时期	投资回报率（%）
增长导向型价值投资者：沃伦·巴菲特	1957～1994 年	28.6
保本型价值投资者：卡恩兄弟	1990～1994 年	19.3
增长导向型共同基金	截至 1995 年 8 月 1 日的 5 年	15.36
全球型共同基金	截至 1995 年 8 月 1 日的 5 年	10.73
标准普尔	截至 1995 年 9 月 30 日的 5 年	17.24

大师之声

毫无疑问，本书的撰写倚仗于当代众多价值投资者的宝贵建议和智慧，尤其是巴菲特。如果说格雷厄姆是"安全的价值投资"这座果园的园丁，那么巴菲特就是果园中首屈一指的硕果。据与巴菲特一同曾在哥伦比亚大学接受格雷厄姆教导的同窗说，除了年龄不同，巴菲特和格雷厄姆两个人在思维逻辑、性情和道德观念方面惊人地契合。例如，他们都喜欢开玩笑，即使是那些毫无新意的笑话。但是，巴菲特并不仅仅是格雷厄姆奴仆般的追随者，实际上他对格雷厄姆的理念进行了修补和调整。

1995年1月，在纽约证券分析师协会举办的格雷厄姆百年诞辰纪念会上，与会者展示了多种运用价值投资原理的策略，沃尔特·施洛斯和巴菲特都是演讲嘉宾。巴菲特介绍了自己几乎永久持有的核心投资组合，以及他看好的几只股票。

巴菲特指出："如果你足够了解某个行业，那么你没必要广泛撒网购买该行业中的众多股票。"但是，他认为施洛斯所遵循的价值投资理念，不过是通过购买大量便宜的股票赚取丰厚的收益："这就是我说的'捡烟头法'，即你可以在地上找到还能吸一口的烟屁股，把它捡起来，点上后就可以免费吸一口。也就是说，你要做的就是寻找到估值足够低的股票。"

这并不是异端邪说。尽管格雷厄姆的信徒都推崇其投资理念，但是其中大多数人都在其理论基础上探索出了自己的投资方法，这大概也是格雷厄姆本人所期望的。格雷厄姆并不是一个故步自封的人，即使在过去长达50年的时间里，他被认为是全美国最值得尊敬的投资者之一，他仍然会对自己的理论进行反复推敲和修改，并付诸实践进行检验。甚至在80岁高龄时，他依旧会每天抽出一个小时来研究股票及其股价表现，坚持不懈地去寻找更为简单、更为直接的投资方法来获得高额回报。

本杰明·格雷厄姆

1976年本杰明·格雷厄姆逝世后，巴菲特在《金融分析师》杂志上发表了一篇悼文，他这样形容格雷厄姆："过目不忘，对新知识永葆热情，具备丰富的联想能力，能将看起来毫无关联的问题联系起来。他在任何领域的思考都令人钦佩。"[6]格雷厄姆是一名成功的投资大师、作家和教授，他魅力十足而又生性谨慎。作为格雷厄姆—纽曼公司的创办人，他也是推动建立证券分析师职业培训、考评和资格认证体系的核心力量。

格雷厄姆于1894年出生于伦敦，婴儿时期就随父母移居纽约。之后其父早逝，留下母亲独自抚养三个孩子。格雷厄姆在拮据的生活环境下成长，但幸好他天资聪颖，获得了哥伦比亚大学的奖学金。尽管他在古典文学、数学、哲学等学科上成绩优异，但毕业时，学院院长将他推荐去了一家纽约的投资公司。实际上，当1914年格雷厄姆在华尔街开始工作时，他对投资一无所知。

在他入行后没多久，受第一次世界大战影响，纽约证券交易所停市。而当再次开市时，格雷厄姆迅速在华尔街崭露头角，并设计出了精妙的投资策略。不久之后，他就开始管理别人的资产，到20世纪20年代，格雷厄姆已经成为极其成功的投资家，但也正是这个时候，他的好运开始逆转了。

1929年的股市大崩溃不仅摧毁了他的投资组合，也打断了他为自己的投资理念著书的计划。尽管他的投资技术精湛，他的客户还是和其他人一样在这次大崩盘中损失惨重。格雷厄姆和他的投资合伙人杰罗姆·纽曼，分文不取地工作了五年才将客户的亏损填平。尽管这个经历十分惨痛，但也为格雷厄姆赚来了正直、诚实的好名声。

1934年，正当投资者们对股市失望时，格雷厄姆和戴维·多德一起出版了《证券分析》一书。当格雷厄姆在哥伦比亚大学授课时，多德还只是一名做笔记的学生，但他现在已经成为一名优秀的投资家，而那些课堂笔记则成为《证券分析》的雏形。经过无数次的再版，这本书畅销不衰，被投资者誉为"圣经"。

《证券分析》最初的几个版本被收投资者们竞相收藏并定价高昂。这些早期版本之所以受人追捧，是因为它们为投资者展示了什么东西是不断变化的，而哪些东西是亘古不变的。例如，书中所提到的金字塔骗局、庞氏骗局、便士股票诈骗等，至今仍然普遍存在。格雷厄姆和多德针对合乎情理却又令人存有疑问的投资决策的分析，至今仍令人拍案叫绝。他们将通用电气、福特汽车和阿彻丹尼尔斯米德兰等公司作为具体案例，以阐释重要观点。

1949 年，格雷厄姆为非专业的投资者撰写了《聪明的投资者》这本书。如今，该书已经被修订过数次且依然畅销。

当格雷厄姆–纽曼公司追平 1929 ～ 1930 年投资组合的损失后，它再也没有使客户亏损过一分钱。在长达 30 年的投资周期内，前后经历了 1929 年股市大崩溃、经济危机、两次世界大战，格雷厄姆为其客户创造的年均回报率为 17%，这还不包括其旗下政府雇员保险公司（GEICO）创造的利润。

1948 年，格雷厄姆的投资组合买入了由私人控股的政府雇员保险公司，但当时他还不清楚投资公司持有保险公司的股份不能超过 10%。于是后来他令政府雇员保险公司上市，然后将原持有的股份转移给了格雷厄姆–纽曼公司的其他持有人。政府雇员保险公司的股价在上市后便立即飙升。由于投资者售出股票的时间不同，因此很难计算投资该公司的实际回报率，但是截至 1972 年，政府雇员保险公司的股价涨幅已经超过 28 000%。许多初始投资人从未出售政府雇员保险公司的股票，而是将其当作传家宝代代相传。直到 1995 年，巴菲特收购了该公司剩余的 49% 股权，并对其全资控股，此时政府雇员保险公司的这一部价值投资大戏才终于圆满落幕。

据格雷厄姆回忆，他和纽曼之前仅被认为是比较好的证券分析师，而在投资政府雇员保险公司之后，他们就被称为投资天才。

从1928年开始，到1956年格雷厄姆正式退休，他每周在哥伦比亚大学授课两个小时。他的课程极其受欢迎，1929年1月，超过150名学生报名听课。即使在他投资失败时，他的课也堂堂爆满，这对于哥伦比亚商学院名声的建立功不可没。也正是在哥伦比亚大学，年轻的沃伦·巴菲特成为格雷厄姆的得意门生。巴菲特说服格雷厄姆让自己加入了格雷厄姆–纽曼公司，并和其成为至交好友。1956年格雷厄姆退休时，他的许多客户将资产转交巴菲特管理，这些客户及其后代至今还是伯克希尔–哈撒韦公司的股东。

就在80大寿前不久，格雷厄姆对朋友说，他希望每天都能做一些"傻事""新鲜事"和"善事"。82岁时，格雷厄姆在他位于法国南部艾克斯的第二个家中去世。

为什么不是每个人都做价值投资

格雷厄姆也百思不得其解，为什么价值投资的理念已经流传多年，并已被证明是成功的，但是还是很少有人去尝试？

有些投资方法明明切实可行，但是它们依然很少被人采用，考虑到证券市场中有那么多专业的投资者，这实在是太奇怪了，而我们的事业和声誉正是建立在这个难以置信的事实上。[7]

多年来，格雷厄姆所教授的价值投资总是风靡一时又沉寂一时。当市场低迷或波动较大、不确定因素泛滥时，其理念总是尤其受追捧，而当市场上涨，赚钱变得容易时，投资者们对其理念又置若罔闻。尽管长久以来价值投资的践行者成就斐然，美国国内商业院校还是将教学重点放在有效市场假说、资本资产定价模型、市场择时理论及资产配置这些理论上面。

学术期刊中充斥着无数文献，试图证明或证伪格雷厄姆的投资理念，以及上述各种理论。当商学院、媒体和人云亦云的投资者们追逐一道又一道绚烂的彩虹时，巴菲特和其他格雷厄姆的追随者们却在蹒跚前行中积累了巨大的财富。

小玩家们感觉到力所不及

即使如此，一些投资者，尤其是外行人，还是对价值投资理念望而却步。因为，他们担心这些理念过于复杂，以至于在价值投资这个竞技场上自己无立足之地，而那些更老练的玩家将掌控全局。其实，对于那些愿意一步一个脚印学习的人来说，这些理念并不难。尽管我鼓励本书的读者们尽可能多地了解股票及估值方法的知识，但是真正需要掌握的核心概念也就十几个。

一些投资者认为，如今市场中有那么多的共同基金、退休基金，以及机构资金管理人，较小的投

资者都已被挤出去了。"专业的投资者们不都盯准了
所有被低估的公司，并抢走了便宜货吗？"他们这样
感叹道，"留给我们的机会太少了。"

的确，价值投资方法对于管理资金规模较大的投资者
来说尤其管用，特别是那些受托责任人。约翰·特雷恩在他
1980 年出版的畅销书《金钱的主人》中写道，格雷厄姆的投
资方法"似乎特别适用于机构投资组合，如银行管理的养老
基金。实际上，价值投资方法显然是谨慎且系统的，这正是
银行家的风格。"[8]

选择多的是

然而，当机构投资者在价值投资这座果园里采摘时，他
们并没有将所有果实都收入囊中。大型共同基金就像一个行
动缓慢的巨人，有能力摘到树顶上的果子，却无法看到那些
长在低处或隐藏在树叶中的丰盛果实，而个人投资者，身材
矮小却行动敏捷，所以能够与巨人并驾齐驱并同样收获累累。

在 1974 年格雷厄姆所写的一篇文章中，他解决了小型投
资者的困惑：

　　我坚信，拥有正确原则且采纳了明智建议的
个人投资者，在长期投资中肯定会比机构投资者做
得更好。一家信托投资机构要将其投资标的控制在

300个以内，而个人投资则者却可以有高达3000个标的供其调查和选择。多数真正的便宜货并非大量存在，基于这个事实，机构投资者几乎难以称得上是便宜货猎手的竞争对手。[9]

财力过于雄厚，一些公司却迷惘了

巴菲特麾下的伯克希尔公司就是展现机构投资者所面临各种困难的典型例子。和众多巨型共同基金的管理人一样，巴菲特只能大量买进某一只股票，如果不这样做，可能他就会发现自己持有数千家公司各种不同价位的股票，所持有的小额股份混乱得难以管理。如此一来，管理成本及管理失控风险所致的损失都将是天文数字。

这并不意味着巴菲特抛弃了格雷厄姆和多德的投资理念。他在1994年伯克希尔年度报告中这样解释："并非过去奏效的投资方法在未来不管用了。正相反，我们相信我们自己的投资方案（以合理的价格购买具有良好的经济基础，并且由诚实能干的人经营的企业）是必然会取得应有的成功的。"

但巴菲特也承认，财力过于雄厚是优秀投资业绩的敌人。"伯克希尔现在的市值为1190亿美元，而查理·芒格和我刚开始接管它的时候才2200万美元。尽管目前依旧有一些好的投资机会，但是购买那些与伯克希尔市值相比过于渺小的公司，对我们来说已经没有什么意义了。"

因此，巴菲特只考虑购买其投资规模会在 1 亿美元以上的公司的股票。"在这个最小额度的限定下，伯克希尔的投资空间极其有限。"巴菲特如是说。[10]

市场操纵

个人投资者总是担忧，像巴菲特这样的大型投资者会为了谋取自身的利益操纵市场，从而攫取查尔斯·道所谓的"散户的利益"。投机和操纵行为，在查尔斯·道所处的时代，的确特别猖獗，但那时市场尚未建立起严格的证券交易制度，证券交易委员会也并未成立。在目前的监管条例下，虽然市场操纵也会偶尔出现，但发生概率已经极小了。此外，尽管市场操纵在他那个时代宛如"家常便饭"，查尔斯·道也不认为其将产生长远的影响。

> "市场操纵者只是权倾一时，"查尔斯·道在1901 年写道，"他们能左右股价涨跌，通过误导投资者，在他们想抛售时诱使散户买入，在吸筹时诱使散户卖出，但其对股票的操纵不可能一直持续下去，最终，投资者们都将弄清原委。决定股价的是投资者们买入或卖出的决策，与投机倒把无关，从一般意义上来说，股价最终将体现其真正的价值。"[11]

是一种哲学，而非一个简单的公式

一些对价值投资持批评态度的人不认为价值投资是有效的，因为没有重复的统计、实证或数学证据可以证明它是有效的。实际上，已经有学术研究可以证明价值投资理论了。那些直接受教于格雷厄姆的投资者谨慎地解释：格雷厄姆和多德所著的《证券分析》及格雷厄姆的《聪明的投资者》并非供专业投资人士阅读的指导手册，也不是实验室手册；价值投资原则更多地基于哲学思考，而非定理，它并没有步骤一、步骤二和步骤三；格雷厄姆希望他的学生能用推理演绎的方法自己思考。

尽管受到不断地检验、质疑、探究和改进，格雷厄姆和多德理念最基础的部分（基本原理）依然保持完整。

三个关键概念

当巴菲特谈起所接受的格雷厄姆的教导时，他说自己在哥伦比亚大学学到的最重要的两件事情是：

◎ 正确的态度
◎ 安全边际的重要性

若留意巴菲特的演讲和伯克希尔公司的年报，你会发现格雷厄姆的第三个关键概念在其中反复出现，那就是：

◎ 内在价值

以上三者是价值投资哲学得以建立的基石，尽管我们会在后续章节中详细阐述，但是它们值得读者们先做了解。

正确的态度

想要成功，价值投资者必须对投资树立正确的态度，尤其是厌恶投机行为。格雷厄姆强调，投机并非投资，弄清二者的区别至关重要。那么，区别究竟是什么呢？

说到投机，我们很容易被油嘴滑舌的专家欺骗，深奥的词汇、复杂的数学演算公式及高深的概念，这些就是他们想让我们信任并委托他们进行投资的理由。有时候我们甚至亲自参与了骗局，正如格雷厄姆和多德所说，我们屈服于"好赌"的人性弱点：

> 即使购买（证券）的潜在动机仅仅是投机式的贪婪，但人类本性使然，总希望用冠冕堂皇的逻辑和理智来掩盖这种不讨喜的冲动。[12]

投资者有无数的方法把钱砸进投机的赌博游戏中，但最常见的方法就是"买空卖空"。格雷厄姆尤其讨厌所谓的市场择时。他认为，任何完全依赖对未来市场的涨跌预测所做出的财务决策，都是投机行为。

投资行为则主张：

◎ 资本的安全性
◎ 对适当收益的合理预期

了解自己的资本是否安全及能否合理预期适当的收益，虽然并不需要特别高的智商或数学技能，但是仍需要投资者进行一定的调查和分析。此外，当掌握正确的信息时，一些对于其他人来说风险较高的决策，对于我们却不失为一个良机。幸运的是，投资决策所需要的信息如今都是很容易获得的。

安全边际

对于学习投资的学生来说，只要提到格雷厄姆，他们立马就会联想到"安全边际"。这并不是一个深奥的概念：安全边际就是女孩子在外约会时，以防需要打车回家而准备的额外零钱。

没有什么比突如其来的逆境更能打乱投资的目标了，但灾祸在所难免：投资决策所依赖的信息可能有瑕疵；投资者所投资公司的魅力十足的 CEO 可能在塔希提岛度假时意外失踪；投资者刚刚投资的酿酒厂可能遭遇洪灾，威士忌酒因此受到污染。而重视安全边际能帮助投资者防范这些令人担忧的可能性。

投资证券就需要建立安全网，有很多方法能够做到。格雷厄姆通过在以下三个领域寻找优势来建立自己的安全边际：

◎ 资产估值
◎ 盈利能力估值
◎ 分散化投资

老练的投资者都会建立自己的安全边际。例如，有的人在选择投资标的时要求公司拥有大量的营运资本，有的人钻研现金流，还有的人关注股利支付方式。

内在价值

如前所述，价值投资就是寻找名义价值等于或小于内在价值的证券标的。这些标的可以一直持有，直到投资者有足够强烈的动机抛售它们。例如，股票价格已经上升；某项资产价格已经缩水；政府债券已经不能给投资者带来和其他证券相同的回报了。在这种情形下，最有利可图的路径就是抛售这些证券，然后转而投资其他内在价值被低估的标的。

格雷厄姆并非创造"内在价值"这一概念的人，尽管他的教学和论述确实赋予了其更深刻的意义。早在1848年，这一概念就已经和股市联系起来了。投资作家威廉·阿姆斯特朗将内在价值定义为决定证券市场价格的核心因素，尽管其并非唯一因素。

当查尔斯·道成为《华尔街日报》的编辑和专栏作家时，内在价值的概念得到了进一步巩固。尽管查尔斯·道因研究股市走势而闻名，但他反复告诉世纪之交的读者们：股价的涨跌源于投资者对一家公司未来盈利能力的看法。换言之，就是投资者对股票内在价值的判断。

道式理论的传承

查尔斯·道在1900年5月18日的一篇专栏文

章中写道："长远来看，价值决定价格，这种假定总是安全的。价值与当前的波动无关。一只毫无价值的股票可以和最好的股票一样，轻易地上涨5个百分点，但是随着价格的持续波动，优质的股票将最终达到其投资价值，而差的股票则会沦为赌桌上的筹码，甚至只剩下表决权。"[13]

在1940年那版的《证券分析》中，格雷厄姆和多德采用了一家已经倒闭的公司作为例子，说明内在价值是如何决定股票价格的：

1922年，在航空股暴涨之前，莱特航空公司的股票在纽约证券交易所的交易价格仅为8美元，而它当时的分红政策为每股配息1美元。在相当长的一段时间内，其每股收益超过2美元，现金资产项目还有超过每股8美元的国债。分析此案例，我们很容易发现这家公司所发行股票的内在价值远远高于其市场价格。[14]

1928年，格雷厄姆再度研究莱特航空公司。当时该公司的股价已经达到280美元，分红政策为每股配息2美元，每股收益为8美元，每股净资产为50美元。此时，莱特航空公司仍然是一家稳健运营的公司，但其未来的前景并不与市价相匹配。格雷厄姆认为，其股价已经远高出其内在价值。

巧妙的科学

在伯克希尔公司 1994 年的年报中，巴菲特花费了大量的笔墨来解释他是如何追求内在价值的。和大多数投资者所预期的一样，巴菲特会定期报告伯克希尔的每股账面价值。"正如我们经常告诉你的那样，内在价值是重点所在，虽然我们无法准确计算它，但对其进行估值是必不可少的。"[15] 他继续说道，"我们将内在价值定义为一家企业在存续期间能产生的现金流的折现值。"尽管巴菲特表示，随着对未来现金流预期的修正和利率水平的变化，这个主观数值也会发生改变，但它仍然具有重大意义。

巴菲特以他 1986 年收购的斯科特－费泽公司为例阐述这个观点。被并购时，斯科特－费泽公司的账面价值为 1.726 亿美元，而伯克希尔的收购共斥资 3.152 亿美元，高出其面值 1.426 亿美元。从 1986 年到 1994 年，斯科特－费泽公司共盈利了 5540 万美元，并向伯克希尔支付了 6.34 亿美元的股息。股息之所以高于收益是因为斯科特－费泽公司持有大量的现金，或者说是留存收益，而这些全部回报给了它的股东——伯克希尔。

因此，伯克希尔（巴菲特拥有超过 60% 的股份）的投资额在三年内实现了三倍的收益。伯克希尔至今仍持有斯科特－费泽公司的股票，而其账面价值几乎与当时被巴菲特收购时相同。也就是说，自从投资了该公司，伯克希尔获得的股息已经是初始收购价的两倍。

一些分析师用当前的资产净值衡量内在价值，另一些分析师则关注市盈率或其他更具流动性的指标。无论投资者使用什么方法，其最终目的都是为了估计该公司当前和未来的价值。

"顾名思义，一家真正好的公司所产生的利润将远远超过其内部花费（至少在被收购的前几年是这样）。"巴菲特解释道。这些盈利能够通过再投资增加公司价值，或者作为股息分配给股东。而无论哪一种方式，这些额外的收益最终都将回到股东手中。[16]

结论

价值投资理念适用于所有证券，包括优先股、市政债、公司债及共同基金。自《证券分析》和《聪明的投资者》最后一次修订以来，每种证券都经历了相当大的变化，但价值投资的基本原理仍然适用。受篇幅所限，本书的重点将聚焦在普通股上。

在接下来的章节里，我们将通过学习如何在资产负债表中识别安全性及在利润表中识别增长前景，来进一步研究安全边际和内在价值。格雷厄姆的一种选股策略——净资产价值法，就主要基于对资产负债表的分析。他的另外一种选股策略——盈利能力估值法，则是基于对利润表的分析。

在本书的后几章中，我们将探索多种方法，包括如何评估公司的管理能力、选择单只股票、构建投资组合、进行风险管理及利用特殊投资机遇等。价值投资者从来不会试图预测股市的走势，但是格雷厄姆的投资原则可以帮助投资者在股市情绪过于亢奋时保护自己，或者在股市低迷时利用其他投资者的短视行为而获利。

·················· **请记住** ··················

◎ 价值投资让许多投资者保持了每年 17% 甚至更高的稳定回报率，这与 "由于所有投资者能够在同一时间了解到相同的信息，因此市场是有效的，没有人能战胜市场" 这一观点相悖。"如果市场是有效的，那我将成为街头拿着易拉罐的流浪汉。"巴菲特说道。[17]

◎ 与投机不同的是，投资行为强调资本的安全性及对适当回报的合理预期。

◎ 不要赌市场涨跌。从长远来看，证券价值决定其价格。

◎ 安全边际就是工程师在建造桥梁、飞机、高层建筑时增加的额外强度，以防出现意料之外更糟糕的情况。

◎ 富达麦哲伦基金的前经理人彼得·林奇曾说：究竟是什么让一家公司的未来价值比现在更高，归根结底就是两个因素——盈利和资产。尽管有时候一家公司的股价可能要花费好几年的时间才能追赶上其价值，但终究还是会实现的。"坚持价值投资的人永远是赢家——至少现在已经有足够多的案例让我们对此深信不疑。"林奇如是说。[18]

第 2 章

资产负债表中的安全性

钻石是女孩最好的朋友。

——作曲家利奥·罗宾

投资者也喜欢有形的、持久的、光鲜亮丽的资产。

在格雷厄姆的职业生涯早期，他擅长的投资技巧是通过分析公司的资产状况挖掘信息，并向投资者解释其价值。虽然后来格雷厄姆在探寻股票内在价值时，将重点转移到了公司的盈利能力上，但他依然认为资产负债表所揭示的资产状况，是了解股票、建立能够获取长期高额回报的稳健投资组合的基础。

> 在此之前，我们已经无数次表达过我们的主张，资产负债表应该得到比华尔街多年来愿意给予的更多的关注度。[1]

对于投资新手来说，学习财务报表通常是一件麻烦事，尤其对于外行人而言，财务报表简直是天书。即使是更有经验的投资者，一排排的数字也会让其望而生畏。所幸，财务报表中只有少数关键数据和比率指标对投资决策至关重要。格雷厄姆反复强调数字的重要性，因为他深知"所见即所得"（What you see is what you get.）。格雷厄姆早在计算机程序员发明 WYSIWYG（所见即所得首字母缩写）之前就懂得这个道理了。

所见即所得的投资

> 一般来说，内在价值被理解为由既定事实所支

撑的价值, 如资产、盈利、股息和明晰的前景等, 而非由于人为操纵或心理失衡所决定的市场报价。[2]

一些证券分析师认为, 在资产负债表中能挖掘到的"事实"屈指可数, 但另一些人则不以为然。观念相左的人往往形成相互竞争的阵营, 即使在价值投资者中也是这样。

数字有多可靠

格雷厄姆是"创造性会计"的坚定批评者, 有时他还会针对性地写一些讽刺性的文章。其中, 他曾指出美国钢铁公司通过"试验性会计实验室"创造了价值, 这也是一家他最爱嘲讽的公司。尽管在美国证券交易委员会的监管和财务会计准则委员会的警惕之下, 鲜少有会计师或首席财务官会拿自己的职业生涯冒险, 篡改财务数据, 但是, 如此便认为企业不会再玩数字游戏, 那就太天真了!

"故意伪造数据的情况其实很少见, 大多数虚假陈述是源于对会计技巧的使用, 而这是有能力的分析师应当能够分辨出来的。隐瞒比错误陈述更为常见。"[3]

虚假的财务陈述可能非常微妙, 甚至连专业投资者都会被迷惑。例如, 1994 年美国财务会计准则委员会要求公司将股票期权和其他类似的股权激励作为补偿费用在利润表中计提列示。许多公司高层, 即股权激励计划的主要接受方, 则积极游说, 甚至召集国会向财务会计准则委员会和证券交易委员会施加压力，要求维持现状。

"有人可能会争论，如果股票期权没有价值，"印第安纳州的投资经理人，弗兰克·K.马丁说，"那为什么一开始还要发行？而倘若它们确实有价值，纵观《华尔街见闻》期权行情表就能清楚地证实，如果它们不是费用，那又是什么呢？它们不能被准确估值的事实，恰恰使它们成为与折旧同等的费用，折旧本身也只能大致接近资产的实际损耗。"[4]

当"故意伪造财务数据"发生时，就会有一些不对劲的警告信号出现，其中包括审计意见报告中的限定性说明、公司管理层和审计人员经常性的意见分歧、审计师的频繁变动，以及折旧计提方法的反复变更。

证券分析师对各种项目的调整并不能修正在会计上动的手脚。当发现一家公司管理层在财务报告上耍花样时，投资者应当直接去寻找另外一个投资标的。就证券投资而言，信誉是必不可少的。

"当一家公司执行有疑问的会计制度时，投资者应当回避与其相关的所有证券，无论其中一些看上去多么安全或者有吸引力。"[5]

伟大的论战

沃尔特·施洛斯和欧文·卡恩都是经验丰富的投资者，曾与格雷厄姆一起学习和共事过，但他们依然强调资产负债的重要性，而巴菲特则更侧重于利润表。他们三个人都是成功的投资者，都赚到了钱。

施洛斯在第二次世界大战后退伍，加入了格雷厄姆－纽曼公司，并于 1995 年离开，自立门户。自标准普尔 500 这一指数创建之日起，他的投资收益率就从未跑输过。39 年来，他运用低风险的投资策略，实现了略高于 20% 的年均投资回报率。施洛斯认为，与利润表相比，资产负债表更不容易被人操控，因此他更相信资产负债表。[6]

卡恩曾在哥伦比亚大学担任格雷厄姆的助教几十年，现年 90 岁高龄的他，仍然以一种尊重传统的态度，经营着一家非常成功的纽约投资公司。

> "我们重视资产负债表和资产。我们是有点老派，因为我们的首要目标是保护资本，所以我们只买那些有合理概率保全投资资本的证券。"卡恩这样说道。
>
> 卡恩的儿子托马斯，是家族企业的合伙人，其进一步解释道："在市场没有正确或错误地察觉到公司存在问题的情况下，股票价格很少出现大幅折价或远低于其内在价值的情形。我们的工作就是去判别这些问题是暂时性的，还是永久性的。"[7]

然而，巴菲特指出，注重资产负债表的投资方法对小规模的资金管理更为有效。他尤其摒弃了格雷厄姆偏好固定资产甚于无形资产的看法，认为在管理巨额资金获取更高回报时，无形资产会给盈利带来提升。

平衡的观点

格雷厄姆自己也认识到，资产负债表和利润表之间的争论有其合理性。不可否认的是，收入是投资者明智选股时的一个重要考虑元素。格雷厄姆和多德指出，一只股票的价值完全取决于它未来的盈利能力，但格雷厄姆认为这个论点也并非万无一失：

> 多年来的观察告诉我们，投资者的大部分损失主要来自在商业环境大好时买入了低质量的股票。这些投资者将标的公司当时良好的盈利水平等同于其"盈利能力"，同时又将一时繁荣视作安全的同义词。[8]

资产负债表和利润表相辅相成

事实上，想要全面地了解一家公司，我们必须同时观察和分析资产负债表和利润表。我们可以进行"价值的双重测试"，一个测试针对资产负债表的信息，另一个则针对利润表的信息。[9]

在评估一家公司的投资潜力时，有三个主要元素需要研究。前两个可以从资产负债表中找到，第三个则需要从利润表中获得：

◎ 资产的数量和质量可以说明公司的稳定性和安全性，在某些特殊的情形下，也决定其股价的上涨潜力。

◎ 负债会削减公司的资产和收益，但同时也能刺激公司增长。

◎ 盈利质量和潜力是公司股价增长的主要基础。

正因为如今太多人强调盈利能力的重要性，基于叛逆的天性，我们将从资产负债表开始说起。资产负债表肯定是索然无味的，我们将尽力使接下来的讨论引人入胜，如果做不到这点，我承诺将至少表述得简单易懂，我会从一个投资者的角度去剖析资产负债表，而不是从一名会计的角度。在这些沉闷的页面上，我们要寻找的是那个重要而难以捉摸的概念的迹象———一个我们可以称之为股票内在价值的美元金额。

令人舒适且甜蜜的惊喜

对于价值投资者来说，第一个要遵守的原则就是不要赔钱。基于此，任何关于资产负债表的基础培训都是值得的。资产负债表所传递的信息可能是负面的、正面的或者中性的，它会告诉你这家公司是否濒临破产，或者业务是停滞不前，还是在稳健运营。资产负债表中的数字还暗示了公司内在价值的下限——股价低于这个价格时，这个公司就是真正的便宜货。

资产负债表既能传递示警信号，也能为投资的安全性提供令人安心的保证。当足够高的内在价值在资产负债表中得到确认时，投资者就能有信心，相信这家公司将长久立足，并创造可观回报：

> 当公司的现金持有量相对于其股票的市场价格特别多时，这个现象往往值得投资者高度关注。在这种情况下，股票价值可能高于盈利记录所表示的价值，因为公司很大一部分价值是由现金持有量表示的，而现金对盈利并没有什么贡献。最终，股东们很可能通过公司分红，或者是以更有成效地将这些现金资产投入运营的方式，从中获益。[10]

本章在后续讨论隐蔽资产型公司时，会对现金持有量这一概念进一步展开。

资产负债表是什么

资产负债表有时被称为状况表，这种表述可谓恰如其分。它是一张财务"快照"，拍摄于公司生命的某一特定时刻，比如一个季度或一个会计年度的经营期结束时。

"分析企业的一种方式是将资本（资产）与资本来源（负债和权益）对应起来。"约翰·道恩斯和乔丹·古德曼在他们合著的《巴伦金融投资词典》○中

○ 此书已由机械工业出版社出版。

这样解释，"资产等于负债加上股东权益，资产负债表就是组成这个等式两边的项目的清单组合。" [11]

财务报表充满着各种量化指标。

◎ 定量因素是指那些适用于数学分析的投资信息。幸好，这些定量因素可以简化为任何人都能理解的简单准则。

最终，资产负债表中的定量因素仅仅是股票筛选的一种方法而已，接下来还要做定性分析。

◎ 定性因素是需要用智慧分析的投资信息——它们要求我们运用推理能力。定性因素包括公司的业务性质，公司在行业中的竞争地位，公司的实体、地理位置、经营特征和管理水平，还包括它对所处行业和整体经济的展望等。

总之，资产负债表和利润表给你提供了判断一只股票是否值得购买所需要的因素。一个随身携带的计算器就能处理这些数字，但决定是否购买这只股票的只有投资者本人。

资产负债表告诉你了什么

资产负债表的核心指标包括：

◎ 资产

◎ 负债

◎ 现金状况

◎ 股东权益状况（包括股息）

然而，这些数字只有互相结合起来考虑才有价值，单独来看，它们并没有什么意义。这些数字通常用比率的形式进行比较，或者除以发行在外的普通股数量之后，再与股价相比较。将一家公司的各项比率与其竞争对手或整个行业的比率进行比较，可以使投资者能正确地看待这些数字。

阅读财务报表

负债权益比率、营运资本、流动比率和速动比率（酸性测试比率）都是从资产负债表衍生出来的指标。极端保守的投资者还会将公司的账面价值与股价进行比较，来判断这只股票是不是便宜货，而一些投资者则认为账面价值毫无意义。这个争论，我们留在后续章节中再具体分析。

然而，这一切都始于对资产的审视。

在分析任何财务数字时，我们都应该时刻做比较。大多数公司的年度报告都将本年度与上年度的数据一同列出以做对比，一些公司甚至会提供近几年的走势图。价值线（Value Line）和标准普尔（Standard & Poor's）等分析服务提供商，则可以提供长达10年的历史信息。单一年份的数字并不能反映出公司业务的稳定性和增长情况，但逐年比较资产负债表和利润表，就能清晰地了解事物的进展。任何一家公司都会经历起起伏伏，但如果股价要上涨，公司也必须是成长的。

投资者对资产的观点

对于投资者来说，资产价值就像一张安全网：股价可能会下跌，但是它跌出安全网的可能性极小。这张网还能使股价反弹。如果一只股票的价格相对于其资产来说是被低估的，那么接下来一定会发生某些事情，使得这只股票的资产价值得以充分实现。"某些事情"可能是股价的自然上涨、并购邀约，或者是最不常见的情况——资产清算，其将以特别股息的形式向股东分配现金。

尽管资产清算的情形很少发生，但不久前一家非常大的公司就差点亲身体验。在美苏冷战已经结束且美国将大幅削减军费支出的消息传出时，通用动力公司的股价摇摇欲坠，该公司立即制订了一项大胆的计划，将其 39 亿美元的资产转化为现金，以保护一些大股东的利益。

资产能够回收再利用

通用动力公司这家拥有百年历史的军火承包商陆续出售了战术行动业务、太空系统、塞斯纳飞机公司及数据处理系统，最终仅剩下核潜艇和装甲车（坦克）两个业务部门，管理层认为公司能在这两个领域中成为领头羊。1992 年，在通用动力公司重组期间，巴菲特收购了其 15% 的股份。

与此同时，通用动力公司还实施了一次不同寻常的股票回购方案，即"荷兰式拍卖"，允许公司最大股东——芝加哥皇冠家族将其部分投资兑现。1993 年，通用动力公司回购了 30% 的

股份，并于同年向股东派发了每股总额 50 美元的特别现金红利
分红（外加正常的股息），芝加哥皇冠家族也包括在内。

在所有的工作完成后，通用动力公司的长期债务几乎全
部削减，销售额下降了 1/3，但是公司的总市值（即购买公司
全部股票所需支付的价格）从 1991 年的 10 亿美元增长至了
1995 年的 30 亿美元，通用动力的股价也从 1990 年 9.5 美元
的低点飙升至了 1993 年的 60 美元。在投资者对通用动力公
司的追捧热情冷却之后，其股价回调了一段时间，但在 1996
年年初又回到了 59 美元。

1995 年，通用动力公司仍持有 12 亿美元的现金（约每股
18 美元），这种情况通常会使公司成为恶意杠杆收购的目标。
但是，由于皇冠家族仍持有 13% 的股份，以及伯克希尔持有
8.4% 的股份（在现金分红后，伯克希尔抛售了部分股票），使
得实现任何一份收购要约都不是那么简单的事。

隐蔽资产型公司

在进行资产剥离时，通用动力公司是一家隐蔽
资产型的公司。"隐蔽资产型公司是指，那种坐拥一
些你所认知的确实有价值的资产，但是被华尔街的
投资者忽视了的公司。"彼得·林奇这样解释。[12]

林奇指出，像伯灵顿北方、联合太平洋铁路及圣达菲南
太平洋铁路这类已经上市的铁路公司，都坐拥丰厚的土地资

产，这源于 19 世纪政府为鼓励铁路建设，向它们划拨了大量土地。其实除了土地之外，这些公司还获得了在这些土地上开采石油、天然气、矿物，以及采伐森林的权力。在 20 世纪末，运输业的性质已经发生了改变，铁路公司的资本积累不仅只靠铁路运输本身，更多是靠其所拥有的天然资源。资产使得铁路公司价值连城。

并非所有的资产都是平等的

老一辈的价值投资者（那些警惕 1929 年股市崩盘重演的投资者）和巴菲特这样新时代的投资者之间的区别，在于他们对某类资产的态度。保守派的投资者信任有形资产；较现代的投资者则表示，他们通过降低对有形资产的需求及更好地理解无形资产，在提高总回报上获得了更大的动力。

巴菲特说，在摒弃重视有形资产的习惯后，他完成了最成功的几笔投资："约翰·梅纳德·凯恩斯发现了我的问题所在。他说，'吸取新观念并不难，难的是摆脱旧观念的束缚'。我花了很长时间才摆脱旧观念，这主要是由于我从同一位老师那里学到的大部分东西在过去（并且一直）都是非常有价值的。最终，直接或间接的商业经验，使我现在强烈青睐那些拥有巨大持久商誉并且利用最少量有形资产的企业。"[13] 可口可乐和 GEICO 就是伯克希尔公司持有这类公司股份的好例子。

硬资产

有形资产包括现金和固定资产，如土地、建筑物、设备、办公家具等。固定资产，尤其是那些付款完毕后出现升值，并以低于当前市场价格入账的，尤其重要。一些已经经营了很久的公司，如铁路公司、美国电话电报公司、杜邦公司及许多公用事业企业，都因为固定资产的增值，使股价出现了上涨。

然而，即便是有形资产的价值，也有可能存在问题。有形资产的计算需要量体裁衣，如现金资产能按照面值计算，但是建筑物、机器、非交易性投资等资产的价值可能只有其面值的一半（或更少）。房地产资产的计量尤其棘手，因为销售价格可经协商，而且还受多种因素影响。

软资产

无形资产的价值更难以捉摸。无形资产包括商誉、专利和商标、许可证、资本化的广告费用，以及其他能使公司在所处市场立足或形成优势的非实体资源。例如，可口可乐那全球知名的商标。即使公司采用了合乎逻辑的，有时甚至非常复杂的估值方法，想要对这些资产进行定价也几乎是不可能的。

格雷厄姆和多德并不以喜欢无形资产而出名，但是他们知道，无形资产创造的盈利在竞争力上并不比仅需现金投资的资产逊色。

资产价值清算表如表 2-1 所示。

表 2-1 资产价值清算表

资产类型	清算价值与账面价值比率（%）	
	正常范围	粗略平均
流动资产：现金资产（包括可交易性证券）	100	100
流动资产：应收账款（减去坏账准备）①	75 ~ 90	80
流动资产：存货（成本与市价孰低）	50 ~ 75	$66\frac{2}{3}$
固定资产和其他资产：房地产、建筑物、机器、设备、非交易性投资、无形资产	1 ~ 50	15（近似值）

① 分期付款的零售业务应收款在清算时应以更低的比率来估价，范围是
30% ~ 60%；平均值大约为 50%。

资料来源：*Security Analysis*（New York：McGraw-Hill，1940），p. 579.

在现代商业环境中，从经济角度看，这些所谓
的"无形资产"、商誉，甚至一个高效率的组织架构，
和建筑物、机器一样，都是非常真实的。此外，在
商业环境向好时，资本投入相对小的企业很可能呈
现出更快的增长速度。通常，与那些每一美元销售
额都包含巨额资本投入的公司相比，这类公司能够
通过较小的支出扩大销售和利润，因此对股东而言，
这类公司增长速度更快、盈利能力更强。[14]

账面价值，有人在乎吗

如果投资者们关于有形资产和无形资产的争论越激烈，

那么关于账面价值的争议就越少。许多严谨的投资者并不关心账面价值，这样说可能会让年度报告、股票分析报告及严格以账面价值为基础的其他出版物的读者摸不着头脑。

账面价值曾经被视为公司财务报表中最重要的元素，但今时不同往日，投资者发现账面价值往往与它们的原始成本、当前的市价，甚至未来的重置成本没有什么关系。会计师们不遗余力地使账簿反映实际价值，但这几乎是一个不可能实现的目标。在售出之前，没人知道大多数资产（现金及现金等价物除外）在市场上的价格。

在1995年伯克希尔年会上，当巴菲特被问到账面价值的重要性时，他说："账面价值不是我们要考虑的，我们更应该关心的是如何产生高资本回报率。"[15] 他还指出：账面价值扎根于过去，是历史投入，而内在价值是未来的产出。问题就在于很多分析师将账面价值和内在价值混为一谈。说一个老生常谈的观点，账面价值（如果宣称其是合理并准确的）是内在价值永远跌不破的底线价格。如果正常经营，一切进展顺利，公司价值将远高于账面价值。

这个经常被提到的，却连重要性都被质疑的数字究竟是什么？其计算方式见式（2-1）：

$$账面价值 = \frac{总资产 - 无形资产 - 负债 - 普通股之前所发行股票的价值}{发行在外的普通股股数} \qquad (2\text{-}1)$$

《华尔街日报》曾举例说明格雷厄姆如何计算账面价值："一家资产为 20 亿美元、负债为 16 亿美元的公司，其账面价值为 4 亿美元。如果它对外发行了 2000 万股普通股，则每股账面价值为 20 美元。所以，格雷厄姆不会以超过每股 24 美元的价格购买这只股票。"

在今天的市场上，一家典型公司的股票的交易价格可能是其账面价值的 3 倍。但格雷厄姆曾说，理想股票的售价应低于有形资产账面价值的 1.2 倍，而且越低越好。

我们关心的是：账面价值还没有"死"

尽管存在这些市场都已承认的缺点，但账面价值的确是一个用来衡量公司实际资产价格的有效指标。对于那些遵循格雷厄姆的告诫，以买下整个公司的标准来购买股票的投资者来说，账面价值是一个富含信息的数字：它告诉投资者花出去的钱换来了什么。如果投资者有可能以更低的价格购买一项相似的资产或创立一家公司，并获取相同或者更高的投资回报时，这可能是一个明智的做法。实际上，格雷厄姆和多德说过，这恰恰就是为成功的公司创造竞争力的东西：

确实有些投资者倾向于以远低于账面价值的价格购买资产，而非反向操作，即以高溢价购买资产。

一家公司可以被溢价出售，是因为它的资本回报率很高。这种高回报将吸引市场上大量的竞争者，而这种情况一般来说不可能无限期持续下去。[17]

当一家公司的盈利异常低时，则会以低于资产价值的价格被出售，此时情况正好相反，他们说：

> 因此，我们并不认为可以在账面价值和市场价格之间合理地制定任何规则，除非有强有力的建议告诉投资者在做什么，投资者确信自己的行为是明智的，并对此感到满意。[18]

1995 年，大通曼哈顿银行的股价低于账面价值，迈克尔·普莱斯收购了该公司 6.1% 的股份，并向管理层施压，要求"将价值最大化"。这并非巧合，普莱斯希望公司做些事情来提高股价。不久之后，大通曼哈顿银行就在内部启动了一项非常激进的成本削减计划，并于 1995 年 8 月宣布将通过 1000 亿美元的股权置换方案与化学银行合并。投资者期望这次合并能提高大通曼哈顿银行的资产回报率。

负债问题

一旦投资者对公司资产的性质进行了思考，就会对资产负债表提出另外两个问题：

◎ 负债可以进行管理吗？

◎ 债务清偿完毕时，是否有足够的现金维持企业正常
运营？

我们大多数人对负债都有一个直观的了解。生活经验教
会我们，债务是把"双刃剑"，它既健康又危险。助学贷款、
房屋贷款、汽车贷款及对于其他主要资产较为谨慎的贷款，
可以帮助我们改善财务状况。短期借款能化解预算执行中的
难题，过度借贷则会让我们陷入险境。对于公司而言，亦是
如此。

正如彼得·林奇曾告诫我们："没有负债的公司
绝不可能破产。"[19]

从积极的一面来看，举债增加了公司可用的资金。格雷
厄姆和多德指出，债务是资本结构的组成部分，能使公司更
有能力进行新的项目建设、研发新产品或拓展新市场。

对任何公司而言，最理想的资本结构包括可以
安全发行的、能够购买用于投资的高级证券。[20]

巴菲特也赞同："我们不相信还有比债务更糟糕
的命运。我们只愿意借入我们认为（在最坏的情况
下）不会对伯克希尔的健康运营产生威胁的金额。"[21]

开始讨论比率吧

由于大量的银行贷款往往是财务结构薄弱的典型信号，分析师经常会采用一些测试去评估企业的债务状况。第一种方法是观察负债权益比，这个指标表明了借款背后所有权的状况，反映了公司在清算时，所有者权益对债权人利益的保障程度，其计算方式见式（2-2）：

$$负债权益比 = 总负债 / 所有者权益 \qquad (2-2)$$

通常，一家公司的负债权益比应该在50%左右。换言之，投资者希望1美元的权益对应50美分（在公司其他方面都较为稳健的情况下，可以适当增加至55美分）的债务。对于更为保守的投资者来说，负债不应该超过全部资本的50%，最多不超过55%。

另一种投资者可以用来评估公司债务状况的方法是，检查公司债券的评级情况，因为其会反过来影响公司借款所需支付利率的高低。格雷厄姆和多德建议：

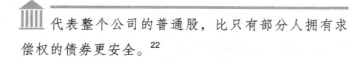

代表整个公司的普通股，比只有部分人拥有求偿权的债券更安全。[22]

在你不需要借钱的时候，借钱最容易

金融作家詹姆斯·格兰特将检查债券评级称作

格雷厄姆和多德的第一信用定律："考虑到债券利率
与公司偿债能力成反比的事实，公司一定要计提准
备金。一家强大的公司能以较低的利率水平借入资
金，尽管和其他弱小的公司相比，它有能力承担更
高的利息。这也就意味着'好的信用'本身能通过
节约利息支出创造'更好的信用'，反之亦然。虽然
这看起来有些自相矛盾且有失公平，但这就是证券
分析中你不得不接受的事实。"[23]

公司债券一般由多家信用评级机构进行评级，主要的机
构有标准普尔、穆迪投资者服务公司和惠誉评级。它们的评
级等级按 AAA（违约概率最低）到 D（极易违约）从高到低分
布，投资级债券评级在 BB 级及以上。标准普尔还针对股票评
级出具分析报告，这也是衡量股票质量的一种有效方法。

净流动资产

营运资本是一种特别有用的财务缓冲器。净流动资产，
或者说营运资本，是公司维持日常经营或业务循环所使用的
资金。业务循环从原材料开始，一直到产出成品并销售，最
后收到收据为止。其计算方式见式（2-3）：

净流动资产（营运资本）＝
流动资产（现金、应收账款、存货）－流动负债　　（2-3）

在分析公司稳定性和管理状况时，如果能结合对营运资

本的分析，投资者就可以了解到公司不仅有能力应对外部经济环境的变化，还有能力保持增长。营运资本表明公司有资源从流动资本中偿付流动负债。

净流动资产是格雷厄姆投资理论的基础。只要有可能，投资者都希望以每股净资产价值2/3的价格购买股票。这种股票很难找到，而一旦发现，投资者就一定要仔细研究它们为什么能以如此低的价格被出售。流动比率是另外一种衡量营运资本的方法，其计算方式见式（2-4）：

$$流动比率 = 流动资产 / 流动负债 \qquad (2\text{-}4)$$

流动比率所使用的标准和负债权益比是相似的。一家稳健的公司的流动比率应该是2，即2美元的流动资产对应着不超过1美元的流动负债。从另一个角度来说，流动比率为2，表明流动负债不超过流动资产的50%。通常，与现金流不稳定的公司相比，一家存货较少且容易收回应收账款的公司可以以较低水平的流动比率安全运营。

酸性测试

衡量公司日常运营能力的一个更为严格的指标是速动比率，也被称为酸性测试，它以净速动资产为基础。二者的计算方式见式（2-5）和式（2-6）：

$$净速动资产 = 流动资产 - 存货 - 流动负债 \qquad (2\text{-}5)$$
$$速动比率（酸性测试） = （流动资产 - 存货） / 流动负债 \qquad (2\text{-}6)$$

速动比率为 1 表示公司在所有销售业务停止时，有偿还债务的能力。投资者可以要求一家公司同时通过流动比率和速动比率测试。

清算价值

在分析流动资产价值时，我们会注意到一个鲜少有投资者愿意思考的概念——清算价值。大萧条后，许多上市公司的股价暴跌，许多投资者逢时买入它们的股票，就为了等公司变卖资产、停止营业。公司清算可不是什么好事，它意味着员工失业，许多人将失去收入来源，整个社会都会受到影响。清算价值不仅仅是最终的价值，它也可以被视为绝对的价值底线。毫无疑问，当清算发生时，公司最终的内在价值也就显现出来了。

前面提到过的净流动资产（营运资本）也可以作为清算价值的粗略指标。一家公司的清算价值从来都不是一个确切的数字。在公司真正被卖掉之前，清算价值只能是估算的。这主要是源于我们之前已经提到过的一个事实，有时也被称为格雷厄姆和多德清算价值的第一定律：

可以相信负债数据是真实的，但是必须质疑资产的价值。[24]

幸好，格雷厄姆和多德建议：在大多数情况下，对于清算价值有一个粗略的估计就够了。我们不会得到，实际上也不需要一个精确的数字。我们要接受这个事实。

股价低于清算价值通常不是什么好消息。股市大跌、对令人震惊的坏消息的突然反应等，这类暂时的情形可能会影响公司到这个地步。但很快，股价就会回升。当股票持续低于清算价值卖出时，就表明有人判断失误了——管理层、股东或是整个股票市场都错了。

醒醒吧，管理层

> 股价持续低于清算价值，没有任何合理的经济解释。如果一家公司持续经营的价值还不如清算价值，那就真的应该被清算了。[25]

如果管理层不解决这个问题，格雷厄姆和多德建议投资者应该：

> 股价持续低于清算价值是一个信号，表明该公司正在执行错误的决策，因此管理层应该采取纠正措施——如果管理层不主动做，那股东就要对其施压让他们这样做。[26]

正如萧条时期投资者所意识到的那样，如果环境有利，即使是股价低于清算价值的公司，也是一个不错的投资标的。行业环境可能大幅好转，公司的经营政策也可能会有所改进，如管理层的更换、新产品的推出或是放弃过时的产品等，此时这家公司可能会被视为并购标的；或者其资产可能确实被清算，但公司会将资金分配给股东。

购买一只股价低于清算价值的股票所面临的风险（这是一个巨大的风险）在于公司可能会继续亏损，而所有者并不打算清盘。实际上，除非破产程序被强制执行，公司的所有者和管理层很少会主动清算。

净的净资产

如果投资者购买一篮子足够分散的股票，其中每家公司的流动资产高出流动负债和长期负债总和的 1/3，那么就不会犯太大错误。这也就是在第 1 章中巴菲特描述的"捡烟头投资法"。这些所谓的"净净股"在今天很难找到，但是偶尔也会浮出水面。

如果问格雷厄姆最基础的投资技术是什么，那就是这个了。这是他在华尔街疯狂抛售时选择股票的方法。大萧条之后，格雷厄姆通过购买净净股大赚一笔。他不怎么在意股票的质量，但是买了许多这一类的股票，通过分散风险的方式确保安全性。净的净资产价值计算方式见式（2-7）：

$$\frac{每股净的}{净资产价值} = \frac{流动资产 - 流动负债 - 长期负债}{发行在外的普通股股数} \quad (2-7)$$

如果一只股票价格低于其净的净资产价值的 1/3，那就太便宜了，简直跟白给一样，即使它的财务状况有些糟糕，也值得购买。

所有权信息

所有者权益，如前所述，是优先股、普通股、留存收益和其他一些项目的组合。作为一个股东，你的名字就在这里面。作为一个所有者，你的追求是以这样或那样的方式看到投资回报。投资回报可以是股价的上涨、股利的分配，或两者兼而有之。下一章将讨论，多少股本回报率才是合适的。

票面价值

在过去，票面价值是指投资在企业中的资金总额。它是每股股票的原始价格，因此也是衡量股东初始投资的指标。它也是衡量企业成长的标尺，但公司现在只是为了会计需要而记录股票账面价值。股东权益的含义与过去的票面价值相似，不过想要了解最初的股东权益通常不是那么容易。每股股票的票面价值曾经是一个信息丰富的数字，尽管它现在仍然在会计报表中披露，但对投资者来说，早已完全失去了意义。

那些神圣的股息

股息其实就是投资者能够立即收到（而不是通过再投资和

股票的未来增值）的公司盈利份额。股息是股东分享公司经营成果最快捷和最健康的方式之一。

格雷厄姆和多德最有争议的观点之一就是，管理层保留盈利而不分配股利并不一定符合股东的最佳利益：

> 尽管投资者一直被教导，要在口头上支持这一理论（即将利润重新投入企业总是最好的），但他们的本能（或者是他们更好的判断）却是反对这个理论的。[27]

格雷厄姆认为，聪明的投资者宁愿把分红放在口袋里（即使投资者用分红购买了更多的该股票），也不愿冒险去等待未来该公司可能出现的增长。而且，他强调，分配股利本就是管理层的责任：

> 我相信华尔街的经验已经清楚地表明，对待股东最好的方式就是向他们支付公平合理的股息，这个股息是与公司的盈利及通过任何盈利能力或资产测试所衡量出的证券的真实价值相匹配的。[28]

格雷厄姆认为，当公司的管理层在股息上锱铢必较或完全不支付股息时，往往都是为了牟取私利。将现金攥在手中，使得管理层能更容易地摆脱困境或弥补错误的决策。有时候，股利政策仅仅只是管理层和大型投资者税收状况的反映——

他们不希望增加当前的应纳税收入，结果导致其他投资者颗粒无收。

不仅仅是老一辈投资者的回报

尽管现在市场对股息的关注不像过去那样流行了，特别是对于那些正在寻找股价快速飙升机会的基金经理来说，但对个人投资者或是追求安全性的投资者而言，可能还是会看重股息。对于奉行"买入并持有"策略的长期投资者来说，股息是他们获取投资收益的唯一方式。

对于许多投资者来说，股息除了代表存放在银行的资金外，还是一个暗示公司未来增长情况的可靠指标。对于股息和内在价值二者联系的认知，由来已久。"价值由可用于分配股息的盈利大致决定。"查尔斯·道在1902年写道。当时投资者主要的股票投资标的是铁路公司，并且主要的投资动机就是赚取股息。不过，盈利、股息与价值三者之间的关系至今依然存在。[29]

稳定支付股息的历史和定期增长的股息也能表明公司经营稳健并且风险有限。此外，股息的增长可切实佐证管理层对于公司良好前景的信心，而股息的减少则警示公司可能在运营上遇到了麻烦。

并非所有的公司收入都需要以股息的形式进行分配，这取决于公司所处行业的情况及维持业务增长所需的资本金额。合适的股息支付水平大约是净利润的80%，最低不少于50%。

在分析一家公司的股息支付情况时，要计算过去 10 年该公司的平均盈利和平均股息。通过这两个平均数，你可以计算出平均股息支付率。盈利有波动起伏，但是股息往往保持稳定，特别是在最好的那类公司中，股息是逐渐增加的。

总回报

毋庸置疑，股息和股价的增长之间存在着某种权衡，这就是为什么总回报——股息加上股价的增长是衡量所有投资的标尺的原因。喷雾润滑剂的制造商 WD-40 公司，是一家典型的有光荣股息分配历史和高股息支出的公司，其股息分配历史如表 2-2 所示。

表 2-2　WD-40 公司的股息

年份	1986	1987	1988	1989	1990	1991	1992	1993	1994	1995
股息（美元）	1.04	1.47	1.63	1.9	2.02	1.72	2.16	2.3	2.3	2.5
股息／净利润（%）	67	100	79	91	99	85	91	85	86	89

资料来源：1995 年 WD-40 公司年度报告。

在 20 世纪 80 年代末，WD-40 公司的独家产品在美国市场达到了饱和，公司被迫寻求国际扩张，以开拓国外市场。这个过程不仅成本高昂，而且产品销量在开拓新市场时也开始走平。公司的股息历史便说明了这段时期的发展故事。净利润每年都在变化，但是除了 1991 年外，股息都有所增加。这就导致了有些年份的股息支付率比其他年份要高。股息记录表明管理层对于公司的发展策略信心十足。1995 年，WD-40 公司的股息率为 5.9%，因此多数分析师认为该股是一只价值股，值得买入。

在判断一只股票的价值是被高估还是低估时，一种方法是，将其股息率与其他类似公司的股息率进行对比。在安全性、增长及其他因素相同的情况下，股息最高、股价最低的股票是最佳选择。若要对价值做进一步分析，投资者应该将该股的股息率和道琼斯工业平均指数的股息率进行比较。《华尔街日报》《巴伦周刊》及价值线和标准普尔这些咨询服务提供商经常报道这一数字。

你的股权被稀释了吗

格雷厄姆对待股息的态度与其他分析师有所区别。许多管理层和分析师经常认为，股息只是降低了那些已经发行了的股票的价值，而并无其他作用。然而，格雷厄姆却发现，投资者可以通过股息再投资，将积累的收益储备注入公司的资本结构。如果股利是非稀释性的，而且的确是对累积资本的重新分配，那么股价在最初可能会因此受到影响，但最终还是会回升，而投资者也终将有所收益。

投资者对拆股也普遍持消极态度。通常情况下，拆股的目的在于降低股价，提高股票的流动性。拆股后，投资者持有的股票数量会增加，但是每股价值会降低。然而，如果一家公司定期支付股息，股东则会从成倍增长的股息分配中受益。分割后的股票股息通常不会发生变化，与分割前保持一致，于是投资者所收到的股息总金额就会随着拆股比例（两倍、三倍等）的增加而增加。虽然股价可能会下跌，但投资者的总回报（股息加上股价的上涨）可能受到的影响很小。如果拆股是出于正确的理由，那么在股票拆分后不久，股价往往会再次上涨。如果是不包含股息的情况，那么投资者对于拆股和摊薄股息的反对则是合理的，因为拆股确实没有给投资者带来任何新东西。

保留股息的基本原理

当然，也有一些可靠的、快速增长的公司是不派发股息的。自 1967 年以来，巴菲特从未支付过现金股息，那时他的公司还只是有限合伙企业。然而，这个合伙企业及其继任者，伯克希尔－哈撒韦公司，已经使最初的几十个普通投资者成为百万富翁。从另一个角度看，如果投资者需要现金，他们就必须出售股票，而伯克希尔的股价接近 36 000 美元（截至 1996 年 3 月），想卖掉也不是件容易事。

如果一家公司选择不派发股息，那它就要像伯克希尔公司一样，将盈利投向更有利可图的地方。基于以下原因，公司不派发股息是可以被接受的：

◎ 为了增强公司的营运资本
◎ 为了提高生产能力
◎ 为了减少负债

危险的股息

在以下两种情况下，派发股息可能是危险的：

◎ 当一家公司的每股盈利低于每股股息时

◎ 当债务负担过重时

一家公司的平均盈利（多年来的）应该足以支付其平均股息。虽然有时每股盈利可能会低于每股股息，这时可以动用留存收益补上这个差额，但是这种情况不能持续多久。

盈利丰厚的公司很少因为无力偿付银行贷款而破产，但是当公司面临压力时，贷款机构可能会以财务纪律为由要求公司暂停派息。

结论

购房者挑选房屋时，会被提醒要考虑房子是否建于坚实的地面上，是否处于洪泛区，以及是否有牢固的地基。投资者也应该听取类似的建议；好的资产负债表是任何一家公司的坚实基础。对于购房者和投资者来说，一个聪明的买家花费的金额不会超出资产的价值。

格雷厄姆和多德提醒我们，价格接近价值本身并不能保证多高的总回报，但这是确定价值投资的第一步。良好的市盈率水平、低成本、好的产品、强劲的销售和良好的盈利前景，则是接下来的故事了。

········· **请记住** ·········

◎ 资产负债表是一个很有用的工具。不要畏惧它。

◎ 就投资而言，安全性永远不是绝对的，对它的考量没
有完成时。但是，我们可以大胆地进入很少有人敢
涉足的领域——财务报表，从而大大提高我们成功的
机会。

◎ 虽然不是内在价值（对所有者来说也不是未来价值），
但账面价值可以被视为内在价值的底线。

◎ 把公司想象成一艘船：资产负债表是船身，利润表是
船帆。船身使船漂浮，但船帆使船前进。

公式及比率一览表

- 账面价值 $=(TA-IC-AL-SI)/S$
- 负债权益比 $=AL/SE$
- 净流动资产价值 $=CA-CL$
- 流动比率 $=CA/CL$
- 净速动资产价值 $=CA-I-CL$
- 速动比率 $=(CA-I)/CL$
- 净净值 $=CA-CL-LTD$
- 每股净的净流动资产 $=(CA-CAL-LTD)/S$
- 市盈率 $=SP/E$
- 边际利润 $=GP/TS$

$TA=$ 总资产

$IC=$ 无形资产

$AL=$ 总负债

$SI=$ 普通股之前所发行股票的价值

$S=$ 发行在外的普通股股数

$SE=$ 总股东权益

$CA=$ 流动资产

$CL=$ 流动负债

$I=$ 存货

$LTD=$ 长期负债

$SP=$ 股票价格

$E=$ 每股盈利

$GP=$ 利润总额

$TS=$ 总股本

安全飞行国际公司（FSI）1996 年 2 月

- 账面价值 = $(TA-IC-AL-SI)/S = (833-41-238)/31 = 17.8$
  （股价 =53 美元）

- 负债权益比 = $AL/SE = 238/595 = 40\%$

- 每股净流动资产价值 = $(CA-CL)/S = (305-84)/31 = 221-31 = 7.1$

- 流动比率 = $CA/CL = 305/84 = 3.6$

- 每股净速动资产价值 = $(CA-I-CL)/S = (305-8.7-84)/31 = 212.3/31 = 6.8$

- 速动比率 = $(CA-I)/L = (305-8.7)/84 = 3.5$

- 每股净的净流动资产 = $(CA-CAL-LTD)/S = (305-84-38)/31 = 5.1$

- 市盈率 = $SP/E = 53/2.7 = 19.8$

- 边际利润 = $GP/TS = 61/157 = 39\%$

- 内在价值 = $E(2r+8.5) \times 4.4/Y = 2.7(20+8.5) \times 4.4/6 = 56.4$ 美元

TA= 总资产	833
IC= 无形资产	41
AL= 总负债	238
SI= 普通股之前所发行股票的价值	0
S= 发行在外的普通股股数	31
SE= 总股东权益	595
CA= 流动资产	305

$CL=$ 流动负债	84
$I=$ 存货	8.7
$LTD=$ 长期负债	38
$SP=$ 股票价格	53
$E=$ 每股盈利	2.7
$GP=$ 利润总额	61
$TS=$ 总股本	157
$r=$ 预期盈利增长率	10%
$Y=$ AAA 级公司债的当期收益率	6%

第 3 章

在利润表中确定增长

唯一真正重要的增长率：盈利。[1]

——彼得·林奇

正如第 2 章所论证的，雄厚的资产是必不可少的，因为它确保了公司能持续经营并产生盈利。格雷厄姆和多德认为，盈利是驱动股价上涨的动力：

股价是靠盈利和股息决定的，而不是现金资产价值——除非未来可能要对这些现金资产进行分配。[2]

这个概念太简单了。一家公司应该创造足够的收入来覆盖营运费用、偿还债务、履行股息支付义务，同时还要有足够的资源再投入经营活动以培育未来的盈利增长。正因为投资者期望能分享预期的盈利，他们才购买这只股票。对股票需求的增加会推动股价的上涨。在这种情况下，盈利就是吸引蜜蜂（投资者）的蜂蜜。

就像投资者需要寻找到公司稳定性的证据一样，他们也要确认公司的盈利性。通常，他们通过历史业绩来寻找证据。"如果一家公司过去的业绩非常糟糕，但是前景被人看好，"巴菲特在伯克希尔公司管理层的合伙人查理·芒格说，"我们宁愿放弃这个机会。"[3]

格雷厄姆教导他的学生说，重要的不仅仅是当前和过去的高盈利。他告诉他们，应该去考察盈利的质量、盈利的稳定性，以及各种围绕"定量"数字的"定性"因素。许多关于公司兴衰沉浮的信息（能量和活动）都能在利润表中找到。

利润表是什么

利润表通常被称为损益表，而人们更习惯地称之为 P&L 表（将其称为"利润或亏损表"更有意义，因为任何报表最终只会出现一种情况，要么盈利要么亏损，而不是两种情况并存）。损益表分为两个主要部分，收入和支出——在一些情况下，有的公司还有留存收益这一部分（如果有留存的盈利，有些公司会把这项与资产负债表中的股息项一起列出）。

收入类别包括公司产品或服务的销售收入、出售某项资产（如房地产或运营分部等取得的利润）及投资所得。支出类别包括生产产品或提供服务的成本、间接费用、折旧、研发费用、税收及其他业务支出。

格雷厄姆对损益表中的数字抱有根深蒂固的疑虑，因为他觉得有太多的方法可以篡改、混淆、隐藏或藻饰利润。这也是他所讽刺的"试验性会计实验室"的理论基础。特别地，对非经常性利润或损失、子公司或附属公司的业务及折旧和准备金等项目的会计处理尤其麻烦。

投资者对盈利的看法

在研究利润表时，要从以下三个角度来看盈利：

◎ 会计。这些是不是真实的盈利？这些数字是否准确、公正地反映了公司的情况？

◎ 业务。这些盈利对公司未来的收益意味着什么？财务报表是否反映了一家动态的、不断成长的公司？

◎ 投资。我们如何利用这些信息去评估股价？

投资者不需要参加审计培训课程去学习如何阅读利润表，只需要熟悉本章介绍的概念就足够了。

不过，投资者首先得具备一些分析问题的视角。当利润表中存在问题时，该公司往往只会在当年或短期内扭曲盈利。为了平衡这些短期的扭曲，需要使用过去 7～10 年的平均股价、每年盈利和其他数据。"平均化"可以为公司确立典型的、有代表性的数字。平均化涉及的时间越长越好。

昙花一现的利润

任何影响盈利的一次性事件，例如出售资产的收益、灾难性事件造成的一次性损失或潜在债务的注销，都应从盈利数据中剔除，放在一边。投资者需仔细辨别这些事件，并针对性地做出判断。它们绝不是展望公司盈利前景的指标。

一次性出售资产往往会使公司当年的整体利润看上去更好，然而格雷厄姆指出，这种出售减少了公司的总资产。除非把这笔钱用于以下其中一项，否则该公司并没有产生真正的收益：

◎ 修复资产基础

◎ 削减债务

◎ 对公司未来的盈利有实质性贡献

一家成熟的、管理有方的公司，日常经营所出现的周期性资金短缺可以利用短期借款来弥补。所以，绝不能用变卖资产这种一次性事件所获取的收益来支付日常开支。

遭受重击

公司会计人员在一些情况下会注销或减记某些项目。例如，他们可能会把一笔他们确信永远收不回的债务从账本上注销，他们也可能会调低那些不再像以前那么值钱的资产的价值。在某些情况下，某一年注销大量坏账，可能会导致下一年的利润超过正常水平。在盈利看起来不太好的时期，进行所有的冲销或减记，是公司管理层的老把戏。公司之所以决定把所有的坏消息放在一个会计期间，是因为他们认为经历一个真正可怕的时期而不是相连的几个相当糟糕的时期，不仅在心理上对投资者更好，而且这个糟糕的季度或年度与随后转好的季度或年度之间，会形成一个戏剧化的对比。

这种盈利的大幅增长会让投资大众兴奋不已：这家公司去年确实表现得很糟糕，但看看它今年如何重振旗鼓，再展雄风！但同样，更好的盈利可能会被证明只是短暂的反常现象。第二年，这家公司的盈利又回到了老路上。

然而，如果出于正当的理由并且坦率地注销坏账，可能会带来真正的、持久的盈利改善。当公司说"这的确是个问题，我们已经面对它了。这一调整将使利润表能够准确反映公司未来几年的状况"时，这就与之前的情况有所区别了。

对于警觉的投资者来说，一个小插曲给公司带来的损失或收益可能是个福音：如果其他投资者对消息反应过度，不管是积极的还是消极的，都可能为其创造以有利的价格买入或卖出股票的机会。

公司税

早在20世纪40年代，格雷厄姆就建议，为了确保管理层诚实地反映盈利情况，公司应该根据投资者的要求及时提供所得税报表。如果一家公司为收入缴税，那么这个收入就是真实存在的；如果没有，那一定有合乎逻辑的理由。例如，税款冲销，或者使用某种类型的税收抵免政策。多年来，公司税日益复杂，只有最专注的投资者（以及那些有大量时间可以消磨的投资者）才会仔细研究公司的税务报表。

幸好，现在许多公司提交给股东的年度报告中都包括了税务信息概述，许多投资者信息服务机构也在它们的股票分析报告中提供了简化的所得税资料。在税后基础上报告盈利情况是标准做法，正如彼得·林奇所说：归根结底，"真正的底线"是税后利润。[4]

一些价值投资者将税后利润视为内在价值。"假设现在有一家小公司，生产一种部件，发行在外的股票有100股。投资成本为1000美元，平均税后

净利润为 100 美元。那么，该股的内在价值为 10 美
元。"投资经理查尔斯·布兰德斯写道。[5]

持久的盈利

如果说过去的盈利对投资者有什么意义，那必定是其本
身所蕴含的持久的获利能力。盈利可能是周期性的，甚至是
不稳定的，但仍会具备一些持久性。美国最大的几家汽车公
司（通用汽车、福特和克莱斯勒）都经历过众所周知的盈利低
谷，然而它们还是实现了多年的持续经营。

格雷厄姆认为，一家盈利稳定的公司需要满足以下两个
条件：其一，公司盈利在最近 10 年增长了一倍；其二，过去
10 年间公司盈利下降超过 5% 的年份不超过两年。另一种衡
量盈利稳定性的方法是将一个期间的盈利情况与以前某个时
期进行比较。例如，克莱斯勒公司在 1984 ～ 1994 年的 10 年
期间里，每股盈利几乎增长了一倍，如表 3-1 所示。

表 3-1　克莱斯勒公司的每股盈利（1984 ～ 1994 年）

年份	1984	1985	1986	1987	1988	1989	1990	1991	1992	1993	1994
每股盈利（美元）	5.22	6.25	6.31	5.90	5.08	1.36	0.30	−2.7	1.38	6.77	10.1

注：1. 10 年平均值为 6.95 美元。

　　2. 3 年平均值为 6.08 美元。

　　3. 1994 年账面价值为 46.65 美元。

　　4. 1995 年股价波动区间为 38.25 ～ 58.13 美元 / 股。

稳定性可以通过将近 10 年的每股盈利趋势与最近 3 年的平均值对比来评估。如果从未出现过下降，则代表百分之百的稳定。[6]

盈利能力

盈利能力可以通过多种方式衡量，格雷厄姆指出，他最爱用营业利润与销售收入的比率来判断公司的强弱。当标准普尔的股票分析报告中提及"营业利润占收入的百分比"或价值线公司详细说明"利润率"时，它们都是在提供关于盈利能力的信息。这些都是衡量成本控制、效率和竞争力的指标。

最好的投资对象往往是一家利润率低于行业其他企业，但管理层很有可能大幅提高未来利润率的公司，例如一家扭亏为盈的公司或重组公司。毛利率的计算方法见式（3-1）。

$$毛利率 = 毛利润 / 销售收入净额 \qquad (3\text{-}1)$$

这个公式会得到一个比率：将结果乘以 100%，就可以用百分比的数字表示毛利率了。计算利润率的方法还有很多，但是这是最简单的一种。理想的利润率水平因行业而异。

利润率与股价表现之间的关系很直接。当利润率水平很低时，股价往往也很低。例如，1984 年大西洋富田石油公司（简称"阿科公司"）营业利润占收入的比重为 17.2%，远低于近 10 年的平均值 23.5%。1985 年该公司的股价在 42 ~ 67.5 美元的范围内波动。在营业利润率开始上升后，股价也随之上涨，直到 1990 年股价达到 142.5 美元的高点。同年，公司利润率又开始下滑，到 1994 年营业利润占收入的比重回到 17.4%，股价也下跌至 92.5 美元。1994 年至 1995 年年初，阿科公司进行了内部重组并再度提升了利润率水平。到 1995 年年中时，其股价又回升到了 114 美元左右。

留存收益

公司加总所有收入，减去支出，并支付应付股息后，剩下的就是留存收益。它是未分配的利润。

留存收益报表对资产负债表的期初和期末余额进行调节——多年来累积的未分配利润。这也是一些公司将留存收益列示在资产负债表而不是损益表中的原因。不管它放在哪里，格雷厄姆说，未分配利润都是投资增长过程的核心。

普通股的特性

普通股具有一个重要的投资特征和一个重要的投机特征。通过未分配利润的再投资，公司的净资产会增长，普通股的投资价值和市场价格会随之不规律地上涨。但将时间拉长到几十年，它们是持续上升的。[7]

普通股的投机特征则一点也不神秘。用格雷厄姆的话说，它是投资者"向希望、恐惧和贪婪屈服"时，所形成的过度的和非理性的价格波动趋势。

如果说盈利是吸引投资者的蜂蜜，那么留存收益就是饱含希望和贪婪的蜂巢。企业掠夺者尤其喜欢寻找拥有饱满蜂巢的公司。

究竟多少留存收益是合适的，以及公司应该分配多少现金给股东，这些话题仍然存在争议。总的来说，留存收益就像分红一样，传递了一个强有力的信息：公司创造的现金超过了其经营业务所需的现金。这正是一个好的投资应该追寻的。这些超过了总支出和税收的盈利，会推升股价进一步走高。

在《未来水世界》中他们被称为"烟民"

近年来，拥有雄厚现金储备的公司经常会成为公司掠夺者的目标。这些掠夺者就像电影《未来水世界》中邪恶的海盗一样，想要抢走其他人囤积的财富。在《未来水世界》里，全球变暖的幸存者们在基本生活必需品已变得稀缺的世界里奋力争夺统治地位。但是，公司掠夺者是什么样的呢？他们到底是为股东提供现金的解放者，还是只关心个人利益的美国企业破坏者？

在1995年4月克莱斯勒收购案中，这些掠夺者计划使用现金储备来实现他们的收购策略，这种策略往往会榨取公司资源、削弱公司实力。克莱斯勒前总裁李·艾柯卡和企业投资者柯克·科克里安，在克莱斯勒股价仅为 38.25 美元时，主动提出要以每股 55 美元的价格收购该公司。他们计划采用杠杆收购的方案，收购资金主要由三部分构成，一部分是科克里安在克莱斯勒已经持有的 20 亿美元股权，一部分是 120 亿～ 130 亿美元的借款，还有一部分是克莱斯勒 7.6 亿美元现金储备中的 5.5 亿美元。

管理层奋力抵抗，声称克莱斯勒需要现金储备来应对汽车制造业的下一个衰退周期。股东和银行家也对艾柯卡和科克里安"蚕食克莱斯勒粮种"的计划持谨慎态度，并没有支持他们。蜂蜜吸引来了蜜蜂，但在这个案例中，侵略者失败了，蜜蜂没能占领蜂巢。

好东西值多少钱

掠夺者很容易被描述为贪婪的人，但是格雷厄姆这样一位和风细雨、有绅士风度的人不总是这么看。他批评公司积累巨额现金储备的行为，除非该公司未来将真正使用这笔资金。格雷厄姆认为，尽管一定数量的、可计算的准备金，是公司增加融资、以备时运不济、处于下行周期、需支付诉讼或最终替换某些重要资产时所必需的，但这种需求应该是有限度的。公司经营的目标就是为其所有者创造利润，公司所有者有权获得利润。

格雷厄姆坚持认为，如果公司一定要保留利润，那这些资金最好有明智的用途。

也许有史以来最会保留利润的公司就是伯克希尔－哈撒韦公司，因为它保留并再投资了所有的盈利（这无疑解决了巴菲特的纳税问题——他的大部分净资产都留在了纸面上）。伯克希尔公司23%的股权回报率几乎是美国工业水平的两倍，巴菲特说，只要一美元留存收益能给股东创造不少于一美元的价值增长，他就继续坚持不分红的政策。就他的案例而言，显然投资者会心甘情愿支持他的一切决定。

盈利的稀释

在继续解释盈利的含义之前，还有最后一个提醒事项。当考虑公司每股盈利的历史时，投资者要确保这些数字是根据资本结构变化进行过调整的。也就是说，要使用充分稀释后的数据。投资者应确保在计算发行在外的股票数量时，把所有经董事会批准发行的股票都考虑进去，即新发行的股票、拆分的股票和暂搁注册的股票（已在公司发行计划中但尚未发行）都必须算在里面。

这个提醒不仅适用于最近期的盈利，也适用于任何作为比较的过去期间的盈利。在新股授权发行后，进行稀释调整最简单的方法就是反向推导法。在计算以前期间的盈利时，应假定新股认购权、认股权证、股份期权等在当期已行权，每股账面价值和流动资产价值也要做相应变动。

幸好，许多公司在财务报表中已经做出了调整，报告数据采用的是已经充分稀释过的数据。不过也有例外，几年前，加利福尼亚州的一家小公司发布的财务报告显示，与前一年同期相比，公司利润有明显增长。但仔细研究后我们发现，这主要是由于其一次性出售资产提高了企业盈利。此外，前一年的每股盈利是经过完全稀释调整后的数据，但该年度的每股盈利没有经过稀释调整，这就使得该年度的每股盈利看起来更强劲。

惊讶吧！在财务报告发布后大约 6 个月，东窗事发，该公司陷入了严重的困境。股东们针对董事会提供误导性信息这一行为提起了诉讼。虽然这样的诡计不应该发生，但它确实发生了，这也就是股东们必须保持清醒的原因。

内在价值的公式

如果内在价值基于公司对所有者来说的未来价值，而未来价值又取决于未来盈利，那么就会出现两个重要的问题：

◎ 投资者应该为收益支付多少？
◎ 有没有可靠的方法来预测未来的盈利？

格雷厄姆发明了一个公式，利用盈利与 AAA 级公司债券收益率的关系来确定内在价值。虽然现在已经很少有投资者使用这个公式了，但研究它很有意思。当你对一项投资的价值持观望态度时，它可以作为价值检验的另一种手段，给你提供新的思路。

在格雷厄姆的公式中，*E* 代表公司的每股盈利，*r* 代表预期盈利增长率，*Y* 代表 AAA 级公司债券的当期收益率。格雷厄姆认为对于一家没有增长的公司而言，8.5 倍的市盈率是合适的。市盈率近年来有所上升，也许 15 ～ 20 倍更合适，但保守的投资者会继续使用较低的倍数。格雷厄姆的内存价值计算公式见式（3-2）：

$$内在价值 = E（2r+8.5）\times 4.4/Y \qquad (3-2)$$

在全盘接受这个公式之前，你可以回忆一下巴菲特在被问及这个公式时的回答。"我从来不用那样的公式。我认为格雷厄姆在发明这个公式时有点心不在焉。"他笑着说。[8]

市盈率

将股票价格与盈利之间的关系，或者说市盈率，作为公司盈利能力的指标已是一种惯例。当市盈率较高时，表明投资者认为该公司的盈利也会较高；当市盈率较低时，结论就相反。市盈率的计算方法见式（3-3）：

$$市盈率 = 股票价格 / 过去四个季度每股盈利之和 \qquad (3-3)$$

一家每股盈利为 2 美元、每股售价为 20 美元的公司，市盈率为 10。该公司股票的售价是盈利水平的 10 倍。静态市盈率根据前一年的盈利计算，动态市盈率则基于对未来盈利的

预测计算。和其他大多数财务比率一样，公司的市盈率在与
以前年度做比较时才是最有意义的。

尽管格雷厄姆非常重视有据可查的盈利数据，并把市盈率
看作一个有效的投资工具，但是他认为这种方法远非完美无缺：

> 将价值建立在当前盈利基础上的整个想法似乎
> 在本质上就是荒谬的，因为我们知道，当前的盈利
> 水平在不断变化。至于倍数应该是 10、15，还是
> 30，则从根本上讲完全是一个主观判断、任意选择
> 的结果。[9]

格雷厄姆和多德表示，这么说不是要完全抛弃市盈率，
而是应该结合具体情况来考虑市盈率：

◎ 基于对普通股保守的或投资性的估值，而不是出于投
机性的考虑

◎ 从资本结构和收入来源的意义出发

◎ 考虑资产负债表中会影响盈利情况的非寻常因素

基本上，一只理想的股票，其市盈率应该低于所有股票
的平均市盈率，同时它也应该低于自身的历史市盈率水平。
格雷厄姆喜欢购买市盈率不超过 7 ～ 10 倍的股票。只能对股
票组合投入较少时间和精力的保守型投资者，必须被迫接受
更高的市盈率水平，以保证安全性。格雷厄姆告诉防御型投

资者，要避开市盈率高于过去一年盈利 20 倍或过去 7 年平均
盈利 25 倍的股票：

> 我们的观点本质上是，在任何情况下，都必须
> 对市盈率设定适当的上限，使之保持在保守的估值
> 范围内。我们建议，购买普通股所支付的最高价格
> 不要超过平均盈利的 20 倍。[10]

股价的上限

市盈率也可以用来确定内在价值的上限。资产价值可作
为估计股票内在价值的下限，市盈率则可以作为其上限。市
盈率确定了投资者可以为盈利支付的最高金额。如果投资者
认为一只股票合适的市盈率为 10 倍，那其所支付的股价不应
超过这只股票最近几年平均盈利的 10 倍。

支付更高的价钱并没有错，格雷厄姆和多德指出：只是
这样做会进入投机领域。年轻、快速扩张的公司的市盈率通
常在 20 ～ 25 倍或以上，而格雷厄姆通常不会考虑这类股票，
这也是他从未投资 IBM 的原因之一。尽管在职业生涯早期，
他曾使用过 IBM 的产品并对其有不错的印象。

过高的市盈率

一家公司的股票可能在极高的市盈率水平上交易，因为

它被市场普遍认为有非常好的增长前景。不过请投资者再检查一下。用当前盈利乘以市盈率，然后根据 10 年后的通胀情况进行调整，那么 10 年后这样的股票价格还合理吗？无论你关注的汽车质量有多好，价格高到一定程度就不再值得购买。而不管一辆汽车多么破旧，当价格低到一定程度时，那就是一笔好买卖。股票也不例外。

热门的科技类股票的市盈率，有时高达过去 12 个月每股盈利的 30 倍、40 倍或 50 倍。有些高市盈率的股票确实表现出色，但是在长期来看，那些一直追逐高市盈率股票的投资者很可能会亏损。格雷厄姆和多德观察到，在牛市中，市盈率往往会创出新高，这增加了风险：

> 众所周知，过去的业绩表现得越好，公司越稳定且增长的前景越有希望，那么每股盈利的估值就应该有更大的空间，但我们始终遵循的原则是，市盈率大于 20 (即 "盈利基础" 小于 5%) 的股票将超出我们的投资范围。[11]

过低的市盈率

当一只股票的市盈率远远低于其竞争对手时，投资者会想知道原因。较低的市盈率并不一定意味着高风险，尽管在研究公司时应该考虑到这种可能性。低市盈率的股票也可以

被挑选为投资标的，例如，位于底部的周期性股票。周期性
股票（汽车制造商是其中最著名的）会周期性地出现极低的市
盈率。其他一些不受市场欢迎的股票，其市盈率也可能跌至
令人惊讶的低点。当科克里安和艾柯卡敌意收购克莱斯勒时，
这家汽车公司的市盈率仅为 4。即使在他们提出每股 55 美元
要约收购计划的隔天，克莱斯勒的股价上涨至 48.75 美元时，
它的市盈率还是不到 6。

此外，如果一只股票因为公司陷入困境而导致市盈率非
常低，比如即将耗尽石油或矿产储备，或者专利到期，价值
投资者可能就要寻找其他目标了。

盈利、销售和未来的增长

价值投资者的目标在于发现那些具有坚实财务基础、成
长速度（从销售和盈利两方面看）高于竞争对手和整体经济的
公司。在所有条件都相同的情况下，股价的增长速度可能与
销售额的增长速度大体相当。对于那些在重要产业中占据主
导地位的公司而言，投资者会希望其销售增长率在 5% ～ 7%。
对于投资组合而言，投资者则要确保其每年至少 10% 的总体
销售增长率。

盈利不需要每年都增长，毕竟几乎所有行业都有商业周
期，任何一家公司都可能经历暂时的挫折。但是，当一家公
司的盈利和销售额忽高忽低却没有任何解释，或者盈利和销
售额逐步下降，公司却没有采取任何纠错行动时，投资者应

当有所警惕。

趋势

　　如前所述，格雷厄姆劝诫投资者不要仅根据当前的盈利，而不是长期平均盈利水平来判断一家公司：

> 私人公司和上市公司最重要的差别就在于此。私人公司在景气年份的盈利可能是萧条时期的两倍，但其所有者绝不会考虑去相应调整所投资资本的价值。[12]

　　再者，投资者要根据盈利和股价近 10 年的平均值计算市盈率，从而评估公司盈利的趋势。投资者要注意趋势的方向：如果最近几年的市盈率明显高于 10 年的平均水平，那么一只股票的价值很可能高于根据长期平均水平所给出的估值；如果市盈率趋势低迷或下行，那么该股的价值很可能低于其 10 年平均盈利所显示的水平。如表 3-2 所示，大多数趋势都可以以类似的方式来确定：

表 3-2　盈利趋势

公司	连续年份的每股盈利（美元）							7 年平均值	趋势
	第 1 年	第 2 年	第 3 年	第 4 年	第 5 年	第 6 年	第 7 年		
A	1	2	3	4	5	6	7	4	优秀
B	7	7	7	7	7	7	7	7	中性
C	13	12	11	10	9	8	7	10	较差

资料来源：*Security Analysis*（New York：McGraw-Hill，1940），p. 512.

茶叶占卜

即使增长的盈利和利润记录释放了有利信号，格雷厄姆和多德也仍然对预测数据保持谨慎态度：

> 虽然以前的数据形成的趋势是事实，但是"未来的趋势"只是一种假设。无论多么精细的预测，过去的趋势都只能看作未来的"粗略指数"。[13]

这些格雷厄姆和多德在 50 年前就说过的话，如今巴菲特仍然表示赞同。

> "我对预测没有任何需求，即使它们创造了看似精准的假象。它们看起来越是严丝合缝，你就越应该小心。我们从不看预测数据，但是我们非常关心并且会深入研究历史数据。如果一家公司的历史业绩很糟糕，即便市场普遍认为它前途光明，我们也会放弃这个投资机会。"巴菲特解释道。

巴菲特的合伙人查理·芒格补充说，在他看来，预测弊大于利：

> "它们是由那些对某一特定结果感兴趣的人们拼凑起来的，这些人的潜意识中存在偏见，而且预测表面上的精确性使得它们本身就是靠不住的。它们

让我想起了马克·吐温的一句名言,'矿井不过是说
谎者在地上挖出来的一个洞而已'。在美国,预测往
往是一个谎言,尽管它不是故意的,却是最糟糕的
一种,因为预测者往往自己都深信不疑。"[14]

让盈利增长

当对公司未来的增长有自己的判断时,投资者才是理性
的。不然投资者如何选择一只股票呢?为了形成这种观点,
投资者需要用定性因素来支撑定量因素,例如,询问管理层
正在采取哪些行动对公司的盈利产生积极的影响。

彼得·林奇说:"公司提高盈利水平有 5 种基本
手段:降低成本;提高价格;开拓新市场;在老市
场上扩大销量;重组、关闭或以其他方式处理亏损
的业务。"[15]当管理层开展促进增长的活动时,盈利
可能会暂时被摊薄,但不久之后其就会取得巨大的
提升。

《货币》杂志上的一篇文章会让我们想起,格雷厄姆看到
了"高增长率和高资本回报率的弱点——而这两者通常是相
辅相成的"。那么,好的盈利有什么可担心的呢?异常高的盈
利往往会导致激烈的竞争,但从好的一面来看,高盈利会吸
引热情的新投资者,而他们经常会将股价推升至新高。[16]

成长型股票

在价值投资者和成长型投资者之间，有时存在一种无用的划分。一些投资顾问想当然地认为，价值投资者不买成长型股票。他们当然会买，不然价值投资者怎么能获得如此高的投资回报呢？所以，投资顾问的这种观点只是语义上的咬文嚼字。只要价值投资者能够确定哪些是成长型的公司，他们就会毫不犹豫地购买。成长型股票究竟是什么？当这个词意味着投机冒险时，价值投资者会避而远之：真正的价值投资是具有巨大增长潜力，并且下跌风险有限的投资。

那些所谓的风险较高的成长型股票通常是年轻的公司的，其中一些公司的盈利很少或根本没有盈利。它们通常处于一个新兴行业中，那里有众多初始竞争对手，随着时间的推移，竞争对手的数量将会减少。投资者的难点在于找出福特与帕卡德、惠普与 Kaypro 公司、普莱斯或好市多与数十家新兴仓储式商店的区别，看哪家公司将笑到最后。

根据格雷厄姆的说法，一只成长型股票的每股盈利应该在 10 年内增长一倍——也就是说，每股盈利的年复合增长率应该超过 7.1%。要做到这一点，成长型股票的销售额应该持续高于前几年的销售额。

当这些"成长型公司"的股票以合理的价格出售时，如果投资者能够成功地找到这些公司，那么他的投资成果一定是卓越的。[17]

增长策略

如何寻找增长最大化的投资组合，我们将在后面的章节中讨论。在这里我们只需知道，有些投资者可以而且应该投入时间和精力来创建一个超高增长的投资组合。

尽管要花费很多的精力去寻找并进行后续的维护，但是只要严格遵守价值投资的原则，投资者就一定能建立具有亮眼回报率的投资组合。在此过程中，投资者必须透彻理解所出现的任何高风险事件，还要结合股价来考虑。这种挑战极限，正如格雷厄姆和多德所说，是具有强大意志力的勇敢者的游戏。[18]

没有盈利就无从衡量

格雷厄姆对"热门"或快速增长的股票持怀疑态度，因为它们的业绩承诺依赖于对不断增长的未来盈利的预测，而几乎没有历史证据表明该公司能够持续创造不断增长的未来盈利。他告诫成长型股票投资者要找到两样东西：

◎ 确定增长能持续下去
◎ 确定投资者没有为未来的增长支付过高的价格

许多高科技、生物技术或其他新兴科技公司的运营更像是风险投资。风险投资家要求得到高回报的保证，因为这些公司的盈利实现得很慢或者根本不会实现的风险极高。风险资本家押注于一种技术和将这一技术投入使用的人才，因此风险资本投资更适合那些非常了解某一特定行业的人去做。

彼得·林奇劝诫投资者要对组建中的公司特别小心。"等看到盈利了再说。"他警告说。尽管林奇在一些股票（特别是首次公开发行的股票）投资方面做得非常好（他是联邦快递的原始投资者之一），但他说："我必须承认，这里面3/4的公司都是令人失望的。"

结论

格雷厄姆晚年时花了很多精力来寻找一个购买股票的简单标准，他的注意力转向了盈利。"我的研究表明，最好的结果来自简单的盈利标准。"他告诉一名记者。然而，他所说的研究从未得到彻底的检验，不过他选择具有投资品质的股票的多重标准仍然是最可靠的。[20]

那么，"具有投资品质的股票"需要具备哪些条件？

◎ 财务状况保守，营运资本状况强健
◎ 盈利合理、稳定，足以应对未来10年商业环境的波动
◎ 平均盈利与市场价格的比率令人满意

随着投资者对这些指导原则越来越熟悉，他们会轻松地、自觉地遵循这些原则——至少看起来是这样。巴菲特和他的合伙人查理·芒格表示，在判断一只股票是否具有增长潜力时，他们不会耗费精力以遵守某些正式的规则或程序。有一

次，当有人传唤伯克希尔公司的员工，要求其提供并购活动相关的文件时，他们解释说："我们不仅没有那些文件，我们也没有传递文件的员工。"[21]

然而，对于我们这些没有巴菲特和芒格那么聪明和那么多经验的人来说，制订一个投资组合计划，记录一只股票的优缺点却是可行的。接下来的两章会详细介绍如何做到这一点。

·············· **请记住** ··············

 定量数据只有在得到企业定性调查支持的情况下才有用。

◎ 持续盈利的公司具有最佳投资潜力。

◎ 盈利应呈上升趋势。

◎ 目标公司的市盈率应该低于同行业其他公司。

◎ 市盈率决定了内在价值的价格上限。

◎ 对盈利和其他数据的估计应该偏低。低估本身就创造了安全边际。

第 4 章

管理层的角色

从法律层面看，公司是股东的创造物和财产；管理
层只是由股东聘用的领薪水的员工；而董事，无论其以
何种方式当选，实质上都是受托人，他们的法律职责是
全权代表公司股东开展工作。[1]

——格雷厄姆和多德

当格雷厄姆和多德写下上面这段话的时候，股东所有权仅仅只是一个法律概念。股东通常被看作出借资本的人，而在很多公开上市的公司里，负责运营公司的经理实际上更像是公司的所有者。公司经理对股东的态度，除了那些拥有相当数量股份的大股东，是生硬且粗暴的："如果你不喜欢我们管理公司的方式，你可以用脚投票。卖出你的股份，然后离开公司吧。"格雷厄姆和多德一针见血地指出，股东和公司管理层之间存在着冲突和摩擦：

> 私人老板只雇用他所相信的人，但他并不会让这些人自定薪酬，或者让他们决定应该给公司配置或保留多少资本。[2]

格雷厄姆认为，上市公司治理结构中存在着固有的缺陷，也正是因为如此，公司的所有者（即股东）能赋予公司管理者非凡的权力——尤其是给首席执行官（CEO）。

公司的守护者：CEO

当今世界上为数不多的拥有无限权力的职位就是大公司的 CEO。CEO 是经过无数职场战役考验、最终脱颖而出的人。他由公司内部团体提名，并在一个完全与民主毫无关系的选举中当选。CEO 对董事会负责，但如果一个人出任 CEO 多年，那么董事会的成员最终都会成为他的自己人。在这种情况下，董事会不过是一个完全按照 CEO 个人意志行使职权的摆设而已。

尽管如此，毫无疑问，由 CEO 组建和精心安排的管理团队是公司成功的关键。但如何发挥这一作用，如何对其进行奖励，如何对其进行评估，这些问题令重要的投资者们夜不能寐。

1988 年在菲尼克斯举办的美国广播公司年会上，巴菲特身着救世军军装，拿起锡制号角，为美国广播公司董事长托马斯·墨菲吹奏小夜曲。"墨菲真是我的好朋友。"巴菲特低声吟唱道。1995 年，巴菲特将美国广播公司卖给迪士尼，这使伯克希尔－哈撒韦公司 10 年内净赚 600% 的利润，而此时没有人会再想起当时的小夜曲。诚然，巴菲特欣赏墨菲出色的工作表现，但是对于一个价值投资者，欣赏显然并不能代表全部。

价值投资者从公司本身（它的基本面）出发，将管理层看作一个附加因素来考虑其对公司的影响。如果说公司是一辆汽车，那么管理层就是汽车的司机。无论司机的驾驶水平多高，让他开着低底盘的本田思域穿越撒哈拉沙漠也是"巧妇难为无米之炊"。

选择优秀的公司

"如果必须在优秀的管理团队和优秀的公司中做出抉择，那么你最好选择优秀的公司。"巴菲特说。[3]

尽管格雷厄姆一再劝告我们，即使管理混乱的公司也可能有潜在的价值值得挖掘，但巴菲特并不会购买这类公司的股票，除非他特别信任该公司的管理层。这是因为巴菲特既无意参与公司管理，又不愿意花时间协助管理层解决其所面临的管理难题（更多关于处于困境中公司的讨论，请参阅第 9 章）。

"如果一家公司连独立生存都做不到，那我们怎么会感兴趣？"巴菲特说。[4]

一个建立在荣耀上的封建体系

巴菲特心目中的理想公司是怎样的呢？他喜欢"被又深又险的护城河所环绕着的宏伟城堡，城堡的主人诚实而又正直"[5]。有趣的是，在巴菲特的定义中，"诚实而又正直"这样的字眼如此重要，以至于它被放在了这句话的压轴部分。那么，"能力"是否重要呢？除非城堡主人能够诚实且正直地对待他的不同选民（包括投资者），否则他的能力无足轻重。

判断一个领导者是否能够坚持原则，这属于定性问题或价值判断，超出了许多投资者的能力范围。他们可能永远也没有机会直接或间接接触到 CEO 本人，即使他们碰上了这样的机会，他们往往也会被领导者的人格魅力所迷惑。

榨取现金流

在某些情况下，股东并未受益于公司日益增长的盈利，其原因在于公司管理层已经将这些收入放进了自己的口袋。作为股东，好比生活在民主社会的人，必须时刻保持警惕。投资者有必要关注最新资讯，查证谣言，并尽量熟悉自己所投资的公司和公司的管理者。

"比起股东的投资回报率，逃离公司的经理们通常更关心津贴、黄金降落伞、奖金和高得离谱的薪水。"布兰德斯投资合伙公司的前任董事长查尔斯·布兰德斯说。

许多金融类的报刊都刊登过图文并茂的报道高薪 CEO 的文章，它们头头是道地分析了 CEO 的薪水和公司绩效之间的关联。但股东应该多翻阅公司文献（尤其是股东委托书），关注管理层的薪酬数据。此外，股东应留心公司向管理层提供的特别贷款和看起来十分优惠或出格的协议。

管理层的薪酬是"烫手山芋"。许多高管都认为他们所管理的公司规模越大，他们的薪水就应该越多。这就激励了管理层进行大量的本不会发生的公司收购与兼并。此外，还有一些高管认为他们的薪酬应该与他们为股东实现的投资回报率挂钩，投资回报率越高，薪水也越高。正确的答案是上述两种因素都应该作为高管薪酬的评定标准，然而仅仅以某一年的投资回报率为标准来计算高管薪酬也是错误的做法，因为许多资深会计师可以随时调整出一个极漂亮的年度回报率。CEO 的薪酬应该像盈利、股息和其他定量指标一样，根据至少过去 5 年的平均数据来决定。除非管理层所管理的公司在每股盈利、净资产收益率或边际利润率等特定指标上表现突出，在所处行业内胜过大多数公司，否则管理层不应该获得绩效奖金。如果不是这样，公司管理层就是拿着高薪却干着平庸的工作。

像所有者一样思考问题的管理者

巴菲特和他的合伙人查理·芒格，根据"与所有者相关的商业原则"（owner-related business principles）经营伯克希尔－哈撒韦公司，他们也寻找以同样的方式进行管理的公司。尽管伯克希尔的组织形式是公司制，但是巴菲特和芒格的第一原则是，"我们以合伙人的态度来行事"。同样重要的是，巴菲特和芒格的个人财富都与伯克希尔挂钩。"我们吃自己煮的饭。"他们这样告诉股东。[7]

查尔斯·布兰德斯倾向于寻找这样的公司：管理层不仅像所有者一样思考，还与巴菲特和芒格一样，在公司中拥有实质性的所有权。在他看来：

> 如果一个总裁拥有公司 20% 或以上的发行在外的股份，那我们的目标就是一致的——股价的上涨。那些仅受薪资和福利驱动的管理人，和股东并不坐在同一条船上。[8]

在董事会中占主导地位的所有者也可以对管理层施加很大的控制力。在通用动力、杜邦、凯洛格和时代镜报等公司中，都有这样占据主导地位的所有者。在这种情况中，管理层直面"股东"这一无形概念。

定性因素

在评价公司管理水平时，投资者还有一些其他重要的定性因素需要考虑，其中包括该公司的市场份额（行业领头羊胜于那些排名第四或更低的公司）、产品及生产这些产品的效率等。一般来说，为了追求一家成熟公司的最佳增长率，投资者会注重这家公司关于新产品的研发线。这些新产品能够让一家成立已久的公司的股票表现得像那些规模较小的新兴公司一样。

一些投资者希望公司能够充分多元化。从表面上看，多元化可能是有道理的，但如果一家公司所从事的已经是最赚钱的业务之一，那为什么要向利润较低的领域拓展呢？这对公司的最终效益又有什么好处呢？

想一下可口可乐的例子吧。在试图通过推出新产品实现多元化的过程中，该公司的增长有所放缓。新可口可乐，一种被大力宣传和推广的饮料，却成为一个令人尴尬的失败案例。实际上，该公司越是专注于"老可口可乐"，并将传统的可口可乐引入新市场，公司的增长速度就会越快。

盈利能力，即使它从非传统的方法演变而来，也是衡量管理水平的最终标准。格雷厄姆和多德认为，如果管理手段行之有效，那么就一定会反映在财务报表中：

一段时间内表现优秀的对比记录，是衡量管理能力是否卓越最令人信服的证明，但这又把我们带回到了定量数据上。[9]

量化需要数据

"价值投资观要求投资者只为所看到的，而非所期望的东西买单。"布兰德斯提醒道。[10] 基于资产负债表和利润表，有很多方法来衡量公司的管理水平，其中最常用的三种是：

◎ 公司增长率。检查销售额趋势和利润趋势变化。

◎ 税前边际利润。成本是否得到控制？

◎ 投资资本的盈利情况。良好的管理水平的一个最重要的标志是，投资资本的高收益。这个标准适用于所有公司，无论是大公司还是小公司，无论公司属于制造业还是服务业，无论是私人公司还是公开上市的公司，因为其所有者的目标都在于赚钱。投资资本回报率的计算方法见式（4-1）：

投资资本回报率 =（净利润 + 利息支出）/ 总资本   （4-1）

投资资本的平均回报率为 12% ～ 13%。分析师普遍认为，12% ～ 25% 的税后投资资本回报率是相对优秀的水平。

管理层与股价的关系

公司高管经常抱怨公司股价的波动让他们感到困惑，他们觉得自己对公司几乎没有控制力。从股价每天的波动来看，这种抱怨或许的确有所根据。短期内，市场总是按照自己的节奏运行。尽管可能会经历很长时间，但是市场最终会认可优秀管理者的工作，并用股价的上涨作为奖励回报他们。

格雷厄姆说，管理层的能力会反映在"平均"股价和长期价格趋势上：

> 优秀的管理层能推高股票的平均市场价格，而糟糕的管理层则将拉低股票的平均市场价格。[11]

不仅如此，格雷厄姆认为关注公司股票价格也是管理层的职责：

> 对于股东来说，他们所持有的股票能否获得公平的价格，与股息、盈利和资产的保值与增值至少是同等重要的。因此，管理层为股东利益采取行动的责任包括（尽其所能）防止证券价格出现暴涨或暴跌。[12]

闲聊还是不闲聊

查尔斯·布兰德斯建议投资者应检查一家公司的经济价

值与其市场价格的关系。然后，如果投资者对这些数字感到满意，就可以接着对其负责人进行评估。如果投资者对事项有疑问，则可以打电话给 CEO 或首席财务官（CFO）进行咨询。如果这些都行不通，那投资者就应去联系公司的投资者关系部门。"这个部门的人就像美泰克无所事事的修理工一样——寂寞，"布兰德斯说，"所以他们喜欢聊天。"[13]

然而，对于一些投资者来说，亲自走访公司是不可替代的。巴菲特说，20 世纪 50 年代中期，当他在格雷厄姆 - 纽曼公司工作时，他唯一的不满就是格雷厄姆不想让他拜访公司或与管理层谈话。巴菲特认为，如果他能亲自与 CEO 会面，参观一两家工厂，并且从总体上找到一些感觉，他就会对一家公司更加了解。彼得·林奇的职业生涯也是从电话拜访开始的，那时他为富达投资筛选标的公司。

是否要走这条路，取决于投资者的个人风格。一些投资者觉得，他们可能容易被花言巧语的企业高管所迷惑。格雷厄姆自己也是这么想的，毕竟没有一定的推销技巧，是没法挤进公司高管层的。但从另一方面来说，一个善于观察的投资者则可能通过这种交流对公司进行大致的了解。

小型投资者可能没办法直接和公司总裁联系，但是他们可以参加股东大会。股东大会的举行方式能透露出公司的许多信息。

剖析股东大会

WD-40 公司，美国家喻户晓、广为使用的通用润滑剂制造商，多年来一直在工厂车间举行年度会议：桌子和椅子摆在光秃秃的水泥地板上，旁边摆满了配方代号为 WD-40 的润滑剂罐子，该产品就是以此命名的。他们传达了这样一种信息："我们是一家简朴、保守的公司，我们的年度会议也一样。"

近年来 WD-40 公司将股东大会移至酒店举行，但是仍然保持了清爽、直截了当的会议风格。董事会成员坐在会议台的最前面，回答股东提出的所有问题。没有在听众中安排托儿，提一些指定的、"正确的"问题；也没有对写在纸上的问题进行筛选，以避免出现尴尬的话题。即使在 WD-40 公司陷入瓶颈期时，它也保持着尊重和回馈股东的好声誉。

一些股东大会安排得非常仓促，时长刚好够完成选举董事会成员、表决同意审计师，以及通过管理层提出的议案这几项议程。在这种情况下，管理层似乎并不太在意与股东的沟通和交流。

其他一些公司则会精心策划华丽的演出，试图给出席的股东留下深刻印象，并压制一些个人投资者或持有不满态度的股东。这也难怪，当股东们被激怒时，年度会议可能会变成一团乱麻。史上最喧闹的、让管理层最为难堪的公司年度会议，发生在 1989 年阿拉斯加州"埃克森·瓦尔迪兹"号油轮漏油事故后，该会议通过美国国家电视台进行了现场直播。股东中的积极维权者们公开表示了他们的不满，并要求公开敌对和沉默寡言的管理团队给出答复。

类似的会议也曾发生在现已倒闭了的圣迭戈储蓄和贷款协会身上，当时麦克风在听众中传来传去，董事长正在回答问题。一个愤怒的股东突然抢到了麦克风，发表了自己对公司财务状况和未来计划的看法，然后他和其他股东开始向董事会大声抱怨并提出要求。混乱持续了接近 20 分钟，该公司员工才夺回麦克风，重新掌控了会议。这些捣乱的股东提出了一些至关重要的问题。几年之后，这个储贷帝国就开始没落了，最终被重组信托公司（针对储贷机构危机而专门成立的资产处置机构）接手。

这样的会议当然是特例。更常见的情况是，管理层只是简单走个过场，然后维持目前的董事会结构。尽管公司年度会议通常要求股东签到，但许多公司都允许非股东参观。这是与企业领导人进行面对面交流的一个机会，投资者能够了解他们对未来的雄心壮志、他们的态度和他们的能力。

股东的权利

相信股东是公司所有者的价值投资者，有时会发现自己与管理层意见相左，就像格雷厄姆那样。卡恩兄弟，一家历史可以追溯至与格雷厄姆有合作关系的公司，以其主张股东权利，向管理层提起诉讼而闻名。"大多数股东都是温驯的羔羊，不愿站出来采取行动保护自己的利益。因此，我们被迫采取行动来捍卫自己和客户的权利。"艾伦·卡恩解释道。[14]

尽管格雷厄姆本人并不是一个特别爱打官司的人，但他确实鼓励股东行使他们的所有者权利，尽管他不相信他们真的会这么做。格雷厄姆和多德将典型的美国投资者形容为"最温驯、最冷漠的圈养动物"[15]，并主张：

> 如果股东能够更好地了解自己的权利，并愿意行使这些权利，那么这将符合每个人的最佳利益。[16]

股东不愿意坚定主张、发表见解，主要是由于三个常见的（尽管是错误的）假设造成的。他们往往认为：

◎ 管理层比股东更了解企业。

◎ 管理层对公司股价不承担任何责任也没有兴趣。

◎ 如果股东对管理层不满意，那么他们应该卖掉持有的股票。

格雷厄姆声称，第一个假设是半真半假的。管理层或许了解企业，但这并不意味着他们会遵循对股东最有利的经营方针。如果公司盈利主要用于提高管理层自身的薪水和福利，进行以自我为中心的收购活动，或者仅仅是为了维持管理层的地位，那么情况就不妙了。近年来，华尔街上的股东活动比格雷厄姆时期增加了许多。股东诉讼公司的浪潮始于20世纪80年代，到90年代规模进一步扩张，这促使1995年国会立法保护公司不受其所有者——股东的侵害。

第二个错误的假设（管理层与股价没有关系）在前面已经讨论过了。当管理层持有这种态度时，投资者应当避免投资这类公司。

第三个假设（不满意的股东应该出售股份）正是这种观念导致自私自利的管理层控制住了公司的资金。各种各样的股东，其中许多人基于健康、宗教、社会和投资导向的原因，都拒绝接受这种观念。

如今，大多数股东都意识到，如果他们不喜欢一家公司的社会环境、政治环境、雇员或财务政策，除了出售股份，他们还有其他选择：与管理层的对话、委托发表股东提议，以及个人和集体诉讼都会对公司产生影响。然而，试图影响管理决策或改变公司政策是一件旷日持久的事，而这可能会影响投资者的主要目标——赚钱。从投资的角度来看，在购买股票之前就对公司管理进行深入研究，并从一开始就找到经营活动符合预期的公司，才是投资者更为明智的做法。

结论

格雷厄姆经常告诉他的学生，当一家好的公司拥有糟糕的管理层时，会导致一些问题发生，其中一个是，股价可能会下跌，有时甚至会使股票变成资产隙。此时，如果董事会履行其职责，那么最高管理层可能会被调整。否则，公司将被迫进行变革。该公司可能会成为收购目标，或者在最坏的情况下，该公司将走向破产。

　　关于股东权利最具影响力的论述，出现在 1940 年出版的《证券分析》一书中。简而言之，格雷厄姆和多德的观点是：公司的职责是为其所有者赚钱，然后把钱转移分配给所有者——方法包括增加股息和提升股价，或以其他方式获得资本回报，如直接分配现金。[17]

······························· **请记住** ·······························

◎ 如果要在优秀的管理团队和优秀的公司中做出选择，
最好选择优秀的公司。

◎ 寻找锱铢必较的管理者。观察高层管理人员对待财务
是否审慎，即使当此事涉及他们自己的薪水和福利时，
他们是否也是如此。

◎ 选择那些管理层大量持股的公司。

◎ 通过销售额增长率、利润增长率和股东权益回报，来
判断管理层的责任感。

◎ 捍卫自己的股东权利。毕竟，你是公司的所有者。

第5章

建立投资组合

我们寻求的不是一味地模仿大师，而是寻求他们所追寻的东西。

——沃尔特－迪士尼公司使命宣言

1970 年，格雷厄姆计划修订他的经典投资著作——《聪明的投资者》。在修订过程中，他得到了前助手、现好友沃伦·巴菲特的帮助。但随着合作的推进，他们对待市场的看法分歧也越来越明显。格雷厄姆坚持他所提出的"防御型"投资者和"进取型"投资者概念，巴菲特则认为这种区分不再有效，在他看来，所有的投资者都应该是进取型的。尽管两人探讨了书中最终呈现的各种各样的观点，巴菲特也为该书作序并在附录中提供了一篇文章，但是他从未成为合著者。

当全世界的投资顾问谈论根据个人投资者的需要建立投资组合时，他们的建议通常会分为"较少"类和"较多"类。那些资金少、知识少、投资前考虑时间少的人应该选择风险低的类别。而那些拥有更多资金、更多知识，并愿意花更多时间来弥补可能的损失的人……你懂得该怎么选择。

可观的投资回报是智力的产物

格雷厄姆有关防御型和进取型的概念并没有沿着传统的较多型和较少型的投资路线发展。从他的思维角度来看，风险不是由投资者能承担多少损失决定的，而取决于投资者能够并愿意付出多少努力：

那些无力承担风险的投资者应满足于相对较低的投资回报率，这是一条古老而有道理的原则。并

且，由此可以得出这样的结论：投资者所追求的回
报率或多或少与他所能承担的风险程度成正比。但
我们的观点有所不同，我们认为投资回报率应该取
决于投资者愿意并且能够为自己的投资付出多少智
力活动方面的努力。[1]

防御型投资者需要的是一个低维护成本、极其安全的投
资组合，而进取型投资者则会积极地监控和管理他们的账户。
正是管理的强度，而非投资者可以承担的额外风险创造了更
高的回报。

尽管巴菲特相信所有的投资者都应当对当前的市场给予
特殊的关注，但他仍有一种观点是支持格雷厄姆所提出的防
御型和进取型概念的。一些投资者能够投入更多的时间和精
力去管理自己的投资组合，因而他们获得更高的投资回报也
是合乎逻辑的。但是，现如今经常被忽视的一类投资者，他
们将生活的重心放在了事业或管理企业上，而不是投资上。
这些人应该而且能够成功管理好自己的股票投资组合，尤其
当他们采取防御型的投资策略时。即便是巴菲特，他也将伯
克希尔的一部分资金投资在一个几乎是永久的基本不需要日
常监督的投资组合中。

一些投资者被误导，认为所有的价值投资组合就如同行
动迟缓、懒散的低能动物一样，甚少作为。

增长型基金的寓言故事

1995 年夏天，一位共同基金公司的年轻主管和一位财经记者讨论投资组合管理，这位记者碰巧提到了价值投资中关于投资组合策略的一项原则。"哦，好吧，"那位年轻主管说，"你知道，我们是一家增长型共同基金公司。我们比价值投资激进得多。"就在几分钟前，这位年轻主管非常自豪地介绍，其公司管理的一些增长型基金的平均年回报率（扣除成本后）高达 15% ～ 18%。

考虑到许多共同基金的表现还不如道琼斯指数，这样的回报的确是非常出色的，但是与那些所谓的保守的价值投资者（投资年限在 10 年甚至以上）所取得的 17% ～ 27% 的年均回报率相比，就相形见绌了。检验格雷厄姆购买低市盈率股票原则（市盈率在 6 左右是最理想的，尽管投资者并非总能挑选到这样的股票）的研究表明，这种策略在各种市场中可以取得 16.8% ～ 37% 的年均回报率。成长型股票的价格涨幅有时会超过这个值，但是如果不是公司的增长转化为了股价的持续上涨，这样对投资者有什么好处呢？

一些投资作家指责价值投资者在进行不那么保守的投资时放弃了自己的原则，但其实这些作家可能是混淆了"保守"和"传统"的概念。

保守就仅仅是保守而已

当巴菲特年仅 35 岁，还在经营巴菲特有限合伙公司时，他就表达了自己对于保守型投资定义的不满。显然，他的批评者会说巴菲特有限合伙公司并没有像大多数共同基金那么保守。

> "毫无疑问，那些投资公司在投资方式上比我们更为传统。"巴菲特写道，"对许多人来说，传统与保守是难以区分的。"

巴菲特坚称，将传统与保守混为一谈是错误的。"真正的保守主义行动基于明智的假设、正确的事实和合理的推理。这些性质可能会导致传统的行为，但在很多情况下，也会导致并不正统的选择。"他总结道。[2]

寻找那些被低估的股票，即投资者个人研究表明这些股票具备一些价值，但投资大众尚未认识到。这对于某些人来说可能既是传统的，又是保守的，但往往二者都不是。在本章中，我们将为那些认为自己是防御型的投资者和那些认为自己是进取型的投资者分析各种投资方法，但首先，我们需要考虑适用范围更广的投资组合建立指南。

目标

有多少投资者，就可能有多少投资目标。格雷厄姆的学说几乎可以适用于任何投资目标。那些喜欢尽可能长时间推迟纳税的人，可以选择购买并长期持有股票的策略。那些偏好即期收入的人，则可以从大量支付股息的股票中进行选择，其中许多证券的股价增长情况也非常乐观。选择回避某些商业活动——如烟草、酒、武器或堕胎药生产商——的投资者也能够很容易地运用价值投资原则来实现他们的目标。他们会发现许多符合有"价值"的证券属于他们的投资目标——无论是从道德上还是财务指标方面看。价值投资的原则是通用的，但是具体的投资选择则取决于个人。

适当的回报

格雷厄姆告诉投资者，他们应该以正确的态度对待投资活动——不仅是在买卖证券的过程中，对于投资回报的期望上也应当如此。对投资组合的期望过高或过低，都会让投资者陷入错误的心态。

贪婪会导致糟糕的决策，但一些投资者主动寻求平庸也是一个谜。例如，成千上万的投资者购买指数基金，他们的投资回报永远与市场保持一致，没有额外损失也没有额外收益。同样令人困惑的是，市场总以业绩是否战胜道琼斯工业平均指数（DJIA，以下简称"道琼斯指数"）来判断投资经理能力的高低。

那些耗费了时间和精力去学习投资原则的投资者，可能不满足于仅仅取得和道琼斯指数一样的回报率。该指数有时无所作为，表现不佳。例如，1973年道琼斯指数总回报率下跌了13.12%，并且在1974年又下跌了23.14%。而在某些时期，如果我们的投资回报能跟得上道琼斯指数就已经非常幸运了：1975 年该指数上涨了 44.4%。

　　然而，大多数时候，道琼斯工业平均指数的表现就和它的名字一样，仅仅是平均水平。例如，在 1978 ～ 1982 年的 4 年期间内，道琼斯工业平均指数共上涨了 28.6%，年均涨幅为 7.15%。而从长远来看，股票的典型回报率是 9% ～ 10%（幸运的是，股市的长期趋势是向上的）。

　　想要取得和道琼斯指数一样的回报率很简单——只要等额买入构成指数的 30 种股票就可以了。还有一种简单的方法可以改善道琼斯指数的表现，即将价值投资原则应用于道琼斯指数成分股（只买入那些被低估的股票，同时卖出那些被高估的股票）并将足够的钱存放在债券或现金中，以充分利用股市和利率的波动机会。迈克尔·奥希金斯在其著作《跑赢道琼斯指数》中就教给投资者类似的方法。

　　那么，合理的预期应该是多少呢？那些投资组合管理得不错的投资者，应该可以取得每年 12% ～ 15% 的复合回报率。这样的回报率已被投资历史很好地证明。

　　　　"如果无论投入的资本是多少，人们对交易股票的预期回报率为每年 12%，而不是每周 50%，那么从长期来看他们都能取得更好的结果。"查尔斯·道在世纪之交时这样写道，"每个人在打理个人事业时都知道这个道理，但那些能谨慎小心地经营商店、工厂或房地产企业的人，在投资股票时却似乎认为应该采取完全不同的方法。这简直太离谱了。"[3]

就连巴菲特所追求的资产回报率目标也不超过15%。投资者实际取得的超额收益就像蛋糕上的糖霜，属于锦上添花。巴菲特的蛋糕上的糖霜堆积如山，毫无疑问这是他对工作倾注了大量心血的结果。即使积累了多年的经验并取得了斐然的成绩，巴菲特对其所购买的股票也要求有足够多的安全边际。

分散化投资

分散化投资是格雷厄姆建立其"安全边际"的三大基础之一。格雷厄姆把分散化投资比作轮盘赌算术：如果猜对数字的奖金很低，赌徒下注的数字越多，则他赔钱的概率就越大；但如果猜对数字的奖金足够高，那么下注更多的数字，他所获得的奖金也会更多。这便是"潜在的回报越高，分散化投资的好处越多"的另一种表述。

每次都能准确预测的投资者不需要分散化投资，但大多数投资者都不可能百战百胜，分散化投资则提供了以下好处：

◎ 从总回报来看，分散化投资能平抑市场波动。所有股票不可能同时上涨或下跌，全美投资者协会称之为"五规则"："这一规则认为，五只股票中有一只将遇到不可预见的麻烦，三只或多或少达到目标，剩下一只的表现将远远超出预期。"[4]

◎ 当需要筹集资金时，分散化投资提供了灵活性。当必须抛售某只股票以获取资金时，投资者拥有更多的选择。格雷厄姆说：

真正的投资者几乎从来不会被迫抛售股票，而且他在其他任何时候都可以无视股票的当期报价。[5]

- 分散化投资在利率上浮或其他因素影响股价时，为投资者提供一定的保护。每一个投资组合都应该包含赚取利息收益的项目，以此作为分散化组合的一部分。
- 分散化投资提高了命中彼得·林奇所说的"十倍股"的机会。这些股票表现亮眼，极大地提高了整个投资组合的总回报率。

格雷厄姆关于分散化投资的见解可以细分为分散化投资规则一和分散化投资规则二。

分散化投资规则一

我的基本原则是，投资组合中债券或债券等价物的占比应该至少为25%，普通股占比也应该不少于25%。剩余的50%，投资者则可以根据股票和债券价格的变动在两者之间合理分配。[6]

理解这种分散化投资技术的一个方法是想象一下起源于中国的算盘，这是一种使用珠子的古老计算器。在算盘的左端，1/4的珠子代表对股票的投资；在算盘的另一端，1/4的珠子代表债券或其他可保证回报率的有息投资；中间的珠子占总数的 50% 则会根据市场条件左右移动。如果有足够多的便宜股票可以购买，大多数珠子应该在左边；如果优质股票非常稀缺，或者政府债券、存款凭证或其他有固定回报的投资项目存在极高的利率，中间的大多数珠子就应该移动到算盘的右边。

当投资者不知如何取舍时，应该优先选择股票。格雷厄姆指出，即使是最保守的投资者，也应该尽可能地在投资组合中提高股票的占比。这一观点主要是基于以下两点原因：

◎ 股票具有最强的抗通胀效应。

◎ 股票历来比其他形式的投资提供更高的平均回报。

与此同时，最精明的投资者对持有现金感到安心。在1995 年伯克希尔年会上，巴菲特解释说：

> 现金是资产的剩余部分。如果我们喜欢某样东西，我们就会购买。但如果我们在某样东西上找不到突出的价值，那我们绝对不会仅仅因为持有现金而被迫去购买。[7]

现金、债券和等价物

格雷厄姆解释说，债券、债券等价物和现金有以下功能：

◎ 保护

◎ 价值的仓库

◎ 有时是高回报的来源——尽管这样的时期犹如昙花一现

投资政府债券、公司债券和其他有息证券本身就是一门复杂的学问。固定收益投资受到了过去 20 年来陆续引入的货币市场基金、债券基金和其他专注于有息证券的集合计划的影响。定期存款、美国国债等投资工具很容易被理解，但公司债券和市政债券就没那么容易了。投资高风险债券需要大量的资本，以实现充分的分散化投资。投资者可能会发现，使用共同基金这种投资方式更容易，也更安全。

在某些情况下，优先股可以替代债券，但出于税收方面的考虑，它们往往更适合机构投资者。更多关于优先股的讨论，请阅读本书的第 9 章。

固定收益债券的选择

投资者在投资债券和债券等价物时使用何种工具取决于投资目标。如果目标是：

◎ 资本安全。此时最好的投资是直接购买政府证券、有政府担保的存款凭证和货币市场基金。在这种情况下，投资者总能收回本金，还能取得固定利息或浮动利息收益。

◎ 利率最大化。此时投资者应考虑债券共同基金。债券共同基金由专业化的基金管理人运作，往往能实现回

报率的最大化。但如果利率发生突变，投资者可能会
发现基金单位净值（NAV）或赎回价格低于初始投资
金额。此时，至少暂时从账面上看，投资者发生了亏
损。随着市场调整、恢复，该基金可能回到原值，但
是债券基金并不会确保本息的回报。

分散化投资规则二

投资者需要在投资组合中持有相当数量种类的股票，换
句话说，正如格雷厄姆解释的那样："适当但不要过度分散
化。"[8] 在 1929 年股市大崩溃后的大萧条时期，格雷厄姆同时
持有至少 75 只不同的股票。这不是一个小数目，但格雷厄姆
有他自己的原因：

> 我们主要的投资操作方式之一就是，无差别地
> 买入价格低于净流动资产价值的普通股，然后以实
> 现每年 20% 或者更高利润率的价格卖出。在某一特
> 定时期，我们的投资组合通常会包括超过 100 只这
> 样的便宜货。在过去的 35 年中，其中 90% 的股票
> 给我们带来了可观的利润回报。[9]

换句话说，格雷厄姆能够找到许许多多被低估的股票，
他没有过分注重股票的质量就购买了很多不同种类的股票。
通过将风险分散在大量非常便宜的股票上，他确保了投资组

合的安全性。而随着时间的推移，这种类型的股票越来越难找到，这迫使格雷厄姆更加小心谨慎地选择股票。

时至今日，偶尔也会出现这样的情况：一些公司（即使是那些久负盛名、声誉卓著的公司）的股价非常低，值得投资者们重点关注。在一个投资组合中，应该为"本杰明·格雷厄姆的便宜货"股票留有一个特殊的位置。

本杰明·格雷厄姆的便宜货

橡树工业（Oak Industries），一家成立于 20 世纪 30 年代的电子控制和元器件公司，在 20 世纪 80 年代初期一举成名。随着有线电视行业的兴起，频道调制器及其他相关设备行业快速腾飞，这些行业的制造商也因此受益。但是，橡树工业并不像它的 CEO 所相信的那样神奇。

为了庆祝销售额的大幅增长，他在南加利福尼亚州斥巨资建造了一座新的总部大楼，装修奢华，还在巴黎举行董事会会议。其他类似的奢侈活动不胜枚举。

当科技股开始频繁调整时，该公司的股价经历了"血腥暴跌"。1984 年，该公司每股亏损 5.84 美元，有形资产账面价值为每股 -3.62 美元。1983 年，该公司暂停了从 1934 年以来就从未停过的股息支付。在 20 世纪 80 年代初以两位数价格交易的股票，到 1991 年时市价跌到每股 1 美元，有时甚至跌破 1 美元。

当橡树工业开始艰难转型时，管理层经历了数次大换血，总部迁往了更加低调谦逊的新址,并且为了生存剥离了一些分部。1990年,橡树工业扭亏为盈,有形账面价值上升到每股1.02美元,每股盈利为7美分。资产负债表和利润表也开始逐渐修复,但其股价始终在每股1美元左右徘徊。

1993年,橡树工业进行了5:1的反向股票分割计划,以消除该公司的廉价股形象。随后,该股的价值开始被大众认可。到1995年,该公司股价上涨到每股29美元,换算成股票分割前的价格,为每股5.8美元。如果投资者在1993年以每股1美元的价格购买了100股股票(总计100美元的投资),到1995年他将持有价值580美元的20股股票——年化增长率为240%。

好消息接踵而至。1995年7月,橡树工业的股价已跌至每股26.50美元,但《巴伦周刊》将其列入符合沃伦·巴菲特收购标准的股票名单。巴菲特的标准包括但不限于:净收入占销售总额的15%及以上,年股本回报率为20%。橡树工业正好符合这些要求。根据其财务信息,《巴伦周刊》给予了橡树工业每股89.52美元的目标价。如果真能实现这个目标值,那么在1991年以每股1美元的价格买入100股股票的投资者就可以以每股1790.40美元的价格卖出。

对于遵循合理保守准则的普通投资者来说,如果有优质股票,至少持有5只是合适的;如果股票质量相对较低,则应至多持有30只股票。对于超过这个数字的投资组合,即使使用电脑也很难进行跟踪。虽然电脑可以跟踪价格变化,更

便捷地提供研究资料，但投资者还是要花精力去阅读所有的
资料，并了解公司的基本状况。

至少持有 5 只股票通常是谨慎的做法，一个投资组合中
来自同一行业的股票不应超过 20%，但是是否要将规模的上
限设为 30 只股票则可以由投资者灵活调整。限制投资组合中
的股票数量仅仅是为了使投资组合更易于管理和跟踪，而并
非为了提高投资回报率。就回报率而言，股票购买数量没有
上限。"回报不会被投资组合中标的数量的增加所稀释——只
要遵循严格的价值投资准则。"查尔斯·布兰德斯写道。[10]

一家极好的公司

诚然，一些规则是有意义的，但是如果仅仅是纸上谈兵，
那就会有人建议打破它。巴菲特曾表示，如果一家公司真的
很棒，他不介意只投资这一家公司。由于"一只完美的股票"
几乎是凤毛麟角，巴菲特主张投资者还是应该持有一定数量
的、自己足够了解并且出于正确理由喜爱的公司的股票：

> 每一个新的投资决策都应该与你已经拥有的相
> 比较。我们做每一项新的投资时，都会与购买更多
> 的可口可乐股份取得的回报相对比。只有当你对新
> 股票的喜爱胜过已持有的所有老股票时，才应该买
> 进。对大多数人来说，问题在于你需要对自己持有
> 的股票具备充分的了解。如果你持有太多的股票，

你不可能对每一只都了如指掌。这是最重要的投资
课程之一，也是个人投资者最容易遵循，但常常忽
视的课程之一。[11]

国际股票

自格雷厄姆在世并管理资金以来，最引人注目的变化之
一是国际市场的爆炸式增长。1977 年，也就是格雷厄姆去世
的第二年，全球股市总市值为 1.1 万亿美元。到 1994 年，这
个数字就增长至 14.1 万亿美元。在同一时期，美国在全球股
市中的份额从 64% 下降至 33%。如果将目光局限在美国市
场，投资者就会错过以下机会：

◎ 全球十大银行中的 10 家公司
◎ 全球十大建筑和房地产公司中的 10 家公司
◎ 全球十大公用事业公司中的 9 家公司
◎ 全球十大机械制造公司中的 8 家公司
◎ 全球十大电子公司中的 8 家公司
◎ 全球十大汽车公司中的 7 家公司
◎ 全球十大化学公司中的 7 家公司
◎ 全球十大保险公司中的 7 家公司

如今，投资者纷纷开拓海外市场，寻找更广泛的投资机
会，以提高业绩表现并实现更分散化的投资。

近年来，年轻和规模较小的海外市场的表现明显优于美

国市场。例如，大多数东南亚经济体在过去 10 年中每年至少实现 5% 的增长，远远好于美国。即使是德国、英国、中国香港、法国、意大利、瑞典、挪威、日本和芬兰等成熟的证券市场，其表现也经常超越美国市场，不再仅仅跟随美国市场波动。当便宜股票在这个国家很稀缺的时候，它们在其他国家可能会很充裕。[12]

价值投资原则是如此的基础，以至于它同样适用于海外投资市场。许多分析师坚信，如果格雷厄姆还在世，他一定会在海外市场上寻找大量的便宜货。这很可能是真的。如今投资者往往被鼓励至少持有 10% 但不超过 20% 的海外投资。

开拓海外市场时看好你的钱包

此外，海外投资本身也蕴含了风险，格雷厄姆肯定也会提示他经常强调的警告。外国证券交易所不少于 21 个，每个交易所上市的公司数以百计。海外投资相关的信息和公司公告等资料可能难以获得，在某些情况下，资料的质量也值得怀疑。除此之外，投资者还面临政治风险、外汇风险、通货膨胀风险，甚至在某些情况下，还要面临所选择的公司被国有化的风险。最起码，与更成熟的美国股市相比，海外市场的波动性很大。

最好的海外投资方式

幸好，有一些降低国际市场投资风险并实现分散化投资的手段，主要有以下几种：

◎ 封闭式共同基金。封闭式基金的投资范围可以是全球性的、区域性的或某些特定国家。一些历史最悠久、最著名的基金（其中包括日本基金）就是封闭式国家基金。因为这种基金份额的总额在初始设立时已经确定，存续期内固定不变，之后投资者可以和买卖股票一样对其进行交易，基金经理也不用担心投资者突然赎回造成资金流出方面的影响。这对开放式基金来说是一个严重的威胁，尤其是在经济或政治的负面消息充斥海外市场，进而导致投资者恐慌的情况下。通常，封闭式基金的交易价格比净值低 20%，这个折扣为投资者创造了一个可接受的安全边际。当然，这些基金在价格和投资者回报方面都存在波动。

◎ 通过美国存托凭证（ADR）在美国交易所上市的公司。除了极少数特殊的情况外，在美国证券交易所上市的外国公司都必须遵守美国证券交易所的财务报告披露规则。美国的财务报告披露规则通常比国外的规则更加严格，因此确保了这些公司的财务数据与美国国内上市公司的数据是可比较的。美国存托凭证实际上是由一家金融机构代为持有的受国外托管人托管的"替代"股票，它们在交易所有正常的报价和交易记录，并以美元支付股息。目前，大约有 1300 家外国公司在美国发行美国存托凭证。投资者可以通过浏览全球、区域及特定国家基金的投资组合，来确定值得信赖的美国存托凭证股票。

◎ 具有广泛海外市场业务的美国公司。可口可乐、迪士尼、IBM、标准石油公司就是几家拥有广泛海外供应商、生产设备和销售渠道的公司。它们的全球化步伐已经持续多年，拥有丰富的处理多元文化的经验，并且知道如何对冲汇率风险。同时，它们有存档在案的财务记录。巴菲特说他不购买海外股票，但主要通过投资可口可乐和吉列两家公司来参与国际市场。

税收优惠

税收在今天的投资决策中发挥着重要的作用，尽管这个主题值得单独写一本书，另做讨论，但有一条原则是不变的：个人投资者应尽可能多地将资金投入到避税账户中，例如个人退休账户或公司 401-K 计划（退休储蓄计划）。在通常情况下，向这些账户缴费是免税的，账户运营产生的投资收益也是免税的，这无疑加快了资金增长的速度。

长期以来，美国共和党一直致力于降低资本利得税，但在实现这一目标之前，如果投资者持有证券超过一年，那么其只需为投资收益缴纳最低的资本利得税。对于持有期在一年以下的资本利得收益，高税级的投资者的应税税率可能高达 39.6%。对于持有期在一年或一年以上的资本利得收益，最高的应税税率则为 28%。

除了这些基本的指导方针，对于相关的具体事项，最好咨询税务专家。与此同时，请记住两句古老的投资者格言：

◎ 那些完全基于税收做投资决策的人，往往最终连缴税的资格都没有。

◎ 有时纳税是一种荣幸。它意味着你赚到了钱。

平均成本法

投资初学者常常被建议采用平均成本法进行投资。尽管格雷厄姆并不热衷于把平均成本法作为一种科学的购买股票的方式（毕竟，这意味着投资者并不知道一只股票何时被低估了），但他认为这种方法对于一般的投资者来说是有用的，因为平均成本法给了投资者一种纪律约束。这可以避免投资者在错误的时间集中购买——这会使投资者受到格雷厄姆所称的"市场先生"反复无常的性格所造成的情绪波动的影响。

平均成本法（也被称为定额投资法）是指在设定的时间间隔内投资固定金额的美元。当应用于股票时，它要求投资者在价格较低时购买更多的股票，在价格较高时购买较少的股票。这样，购买股票的成本总是低于投资期的平均股价。

对于个人投资者来说，平均成本法有一个更便宜（且简单）的替代方法，就是参与公司的股息再投资计划。

股息再投资

股息再投资计划（DRP）是指将股息收入自动买入更多公

司股票的计划。投资者在购买最低股数的股票后，通过公司登记注册即可参与该计划。一些公司会收取大部分的经纪费用，或者相对较少的交易费用。再投资股票的价格根据公司通过该计划购买股票的平均成本计算。当然，并非所有的股票都支付股息，也并非所有支付股息的公司都向股东提供这种服务。

如果一只股票被高估了，价值投资者不应该采用平均成本法，也不应该参与股息再投资计划。当出现这种股票价值被高估的情况时，投资者必须决定是持有股票等待分红，还是抛售它并再投资于另一只股票。

耐心

很多时候，当投资者买了一只股票后，就会在接下来的两三个月内每天在报纸上查看价格。如果股价下跌，甚至跌回原位，投资者就会感到泄气，认为自己买了个垃圾股。格雷厄姆说，这没必要：

每个投资者都应该在财务和心理上做好准备，以应对短期业绩不佳的可能性。例如，在1973 ～ 1974 年的股市下跌中，投资者可能会在账面上蒙受损失，但如果他坚持下去，他在 1975 ～ 1976 年就能收回损失，并在 5 年期间获得 15% 的平均回报率。[13]

圣迭戈的一家投资公司，Nicholas-Applegate，其投资策略就是选择价值被低估的股票，并保持对这些股票的充分投资，因为基金经理们认为要准确判断一只价值被低估的股票何时开始上涨是不可能的事。一旦股价开始上行，这个过程可能非常快。正如格雷厄姆经常提醒投资者的那样，想要预测单只股票或整个市场的底部或顶部，是几乎不可能的事。该公司的基金经理们认为，通过买入有前景的股票并耐心等待，才最有可能获得最大的价格涨幅。

何时卖出

许多价值投资者在购买一只股票时，会抱有尽可能地长期持有它的意图。如果一家公司持续增长，那投资者为什么要通过支付经纪费用和税收来降低回报率呢？正如本书前面所指出的，GEICO 的一些原始投资者至今仍然持有该股票，或者将股票传给了后代继承人。1993 年，格雷厄姆的孙子卖掉了他所继承的 GEICO 股票，以支付其上医学院的学费而该公司是在 1948 年 7 月上市的。

"我最喜欢的持股时间是，永远。"巴菲特说。[14]

不过，价值投资者还是会卖出股票的。巴菲特也承认，有时候他不得不卖出一只喜爱的股票，去买入另外一只他更中意的。格雷厄姆在以下情况下通常会卖出股票：

◎ 涨幅超过 50%

◎ 股价达到其他目标价位

格雷厄姆认为任何一只新的股票都应该有提升投资组合业绩表现的潜力：

> 这么说很武断，但我们可以认为，且应该有充分的理由相信，投资者通过股票买卖可以取得至少 50% 的回报率。[15]

为了更好的业绩表现而修枝剪叶

曾任职于格雷厄姆手下的资金管理人沃尔特·施洛斯有这样一种观点："如果买入股票的价格很合适，那么卖出的准备你已经做好一半了。"施洛斯的意思是，基于净资产价值、市盈率及其他因素，投资者对股票的合适价位已经有一个相当清晰的认知。除非基本面发生一些令人信服的变化，否则当股价大幅高于目标价时，投资者就可以卖出股票了。[16]

一只股票从低估到高估可能需要 3 ～ 5 年的时间。有时情况会表明股票将不会达到投资目标（当某些基本因素发生巨大变化时），在这种情况下，投资者应该立即抛售股票。

查尔斯·道也主张类似的投资策略："截断亏损，让利润奔跑起来。"然而，他指出，不幸的是，大多数投资者的做法恰恰相反。[17]

结论

当投资者赔钱时，通常是因为他们从一种投资转向另一种投资的速度太快了。他们总是在某类投资市场情绪"火热"或是在价格最高点时买入，而在市场热情消散、价格暴跌时卖出。这种自我毁灭式投资方式的解药是，要清楚地知道你的投资组合应该是什么样子，并坚持这个理念。

当好品质的证券以优惠价格出售时，投资者应将其加入投资组合。证券品质是获得并保持高回报的关键。巴菲特告诉我们："拥有希望蓝钻石的一大部分比完全拥有一块水钻要好得多。"[18]

··· **请记住** ···

◎ 设定合理的投资目标。12% ～ 15% 的平均年回报率是
非常好的成绩。

◎ 在任何时候都要将至少 25% 的资金投资于债券或债券
等价物。

◎ 在任何时候都要将至少 25% 的资金投资于股票。

◎ 千万不要在没有充分理由的情况下卖出股票。

◎ 保持耐心。

第 6 章

寻找价值股

购买股票要像购买食品杂货一样，而不是像买香水一样。[1]

——本杰明·格雷厄姆
给《淑女》杂志读者的建议，1952年

格雷厄姆对年轻女士的这种告诫无疑是性别歧视。然而在今天，一个女人和男人都购买食品杂货、古龙水和证券的时代，这个建议可以放在一个新的语境下理解。他的意思很清楚：投资者常常被某只股票所诱惑。比如，这家公司被光鲜亮丽的潮流杂志所报道，是鸡尾酒会和电视谈话节目的主题。它具有超凡的魅力，而投资者也被这种魅力吸引。请忘记那些浪漫情怀，忘记潮流专家。投资者应检视事实，用简单而合乎逻辑的分析进行投资决策。

综合所有的因素

在打电话给你的股票经纪人下买入订单之前，请综合评估一家公司的安全性、增长潜力和你的投资需求等因素。虽然每个人的投资目标可能会有所不同，但有一个目标是大家都保持一致的：没有人会想要或需要一只表现不佳的股票。在选择股票时，价值投资者应该：

◎ 专注于投资目标
◎ 结合资产负债表和利润表来确定内在价值的区间
◎ 寻找安全边际
◎ 评估定性因素

快速回顾一下

上述建议中的前两点在前面的章节中已经详细讨论过了，但在这里还要强调几句：

◎ 考虑总回报。投资的收益可以来自股价的上涨、股息
分配，抑或是两者兼而有之。格雷厄姆和多德曾说：

> 令人难以置信的是，华尔街从来不问"这家
> 公司能卖多少钱？"然而，在考虑购买股票时，这
> 应该是第一个问题。如果一个商人面临一个以
> 10 000 美元的投资获得 5% 的利息的机会，那他的
> 第一个心理过程就是将要价乘以 20，将整个投资定
> 价为 200 000 美元。接下来他要考虑的问题就是，
> 这笔投资在 200 000 美元的价位上是不是一笔"好
> 买卖"。[2]

◎ "价格倾向于围绕价值波动。"《证券分析》第 5 版的合
著者罗杰·默里解释说。很多时候证券价格并未反映
其内在价值，这就给了投资者低买高卖的机会。[3]

◎ 内在价值的范围介于资产价值和盈利的保守倍数之间。
对于最有前途的公司而言，这个倍数应该不高于过去
7 年平均盈利的 20 倍，或过去 3 年平均盈利的 15 倍。
对于状况不佳的公司，则适用较低的市盈率。

◎ 要警惕债务过重，格雷厄姆和多德告诫说：

> 按照我们的定义，投机性企业的标志性特征是，

其所发行的高级证券的规模相对较大，而普通股的
规模相对较小。[4]

请将这些要点牢记于心。在接下来的几页中，我们将深
入地讨论安全边际和定性因素的评估，然后回顾格雷厄姆两
种不同的购买股票的方法。

安全边际

建立安全边际始于建立内在价值的股价区间。一旦投资
者对股票的未来价值有了判断，他就会寻找一些能为投资错
误起到缓冲作用的因素。远超过内在价值的部分会创造令人
舒适的安全边际。

> "采用格雷厄姆和多德古老的指导方针，不可能
> 准确估计出一个简单的价值，"罗杰·默里说，"所
> 以投资者要给自己上下20%的浮动区间，然后对自
> 己说，'这是公允价值的范围'。"[5]

要建立安全边际，你必须做到以下事情之一：

◎ 在整个市场低迷时买入股票，那时存在很多价值被低
   估的股票（市场周期详见第7章）。
◎ 寻找暂时表现低迷的公司。

有许多公司面临灾难性和毁灭性的事故而导致股价暴跌
的例子，但如果公司具有稳健扎实的基本面，它往往能度过

危机，股价最终也能恢复。例如，1989年在阿拉斯加州发生"埃克森－瓦尔迪兹"号油轮漏油事故的埃克森美孚公司；20世纪90年代被指控违反了《清洁空气法》并将面临严厉的政府罚款的路易斯安那太平洋公司；在印度博帕尔发生严重化学事故的美国联合碳化物公司，该事故可能是有史以来所有事故中最具灾难性的。

1984年，联合碳化物公司的一家工厂发生毒气泄漏，导致数以千计的人死亡，更多的人则终生残疾。联合碳化物公司的股票在10个交易日内下跌了近27%，最后稳定在每股5美元左右。然而，在灾难发生的10年后，该公司股价反弹了近400%，如果采取股息再投资策略，回报率可达700%。联合碳化物公司的股价平均每年增长16%，超过标准普尔500指数12%的涨幅。1995年，联合碳化物公司股票的交易价格为每股25～43美元。

◎ 即使市场没有被特别低估，投资者也要寻找被市场忽视的股票。找到这样的股票并非不可能，第5章中描述的克莱斯勒公司就是一个例子。在熊市期间，投资者可以找到许许多多的便宜货。在牛市中，投资者则需要花费一番功夫，正如格雷厄姆和多德指出的：

在任何情况下，"安全边际"指的是股票以低于分析师所估计的最低内在价值的折价出售。[6]

被低估股票的十大特征

专业投资者会在他们尤其看重的地方寻求额外的保护。根据具体情况和投资者自己的舒适区，投资者可能会接受不同来源的安全边际。高资产价值、强劲的现金流和市场主导地位等都是重要的影响因素。

投资者第一步要做的是检验我们之前讨论过的定量因素（净资产价值、营运资本、市盈率和负债权益比率等）。格雷厄姆总结了被低估股票的一些特征，如下所示。他指出，只要一家公司满足以下 10 个标准中的 7 个，就可以认为其价值被低估了，并且拥有足够的安全边际。

标准 1～标准 5 衡量风险，标准 6 和标准 7 考察财务稳健性，标准 8～标准 10 显示公司是否具有稳定的盈利历史。满足所有 10 项标准的公司可谓凤毛麟角。

1. 盈利 – 价格比率（与市盈率相反）是 AAA 级债券收益率的两倍。如果 AAA 级债券的收益率是 6%，则盈利 – 价格比率应该是 12%。

2. 目前的市盈率为最近 5 年来股票平均市盈率最高值的 4/10。

3. 股息率为 AAA 级债券收益率的 2/3。根据这条规则，没有股息或暂无盈利的股票会被自动剔除。

4. 股价为每股有形资产账面价值的 2/3。有形资产账面价值的计算公式在第 2 章中已给出。

5. 股价为净流动资产价值或清算价值的 2/3。这是格雷厄姆最早使用的投资技巧，这些公式在第 3 章中已给出。

6. 总负债小于有形资产账面价值。

7. 流动比率大于等于 2。这是一个衡量流动性的指标，也就是一家公司用收入偿还债务的能力。流动比率计算公式见第 3 章。

8. 总负债不超过清算价值。

9. 盈利在最近 10 年增加了一倍。

10. 过去 10 年，盈利下降超过 5% 的年份不超过两年。[7]

这些要点仅作为指导方针推荐。运用这些要点时投资者需要深思熟虑，而不能当作指导手册生搬硬套。格雷厄姆列出的这些标准，其中一些对某些投资者来说尤为重要。至于投资者选择放弃哪 3 个标准，则取决于他个人的投资目标。

◎ 重视利润的投资者应当着重考察标准 1 ～标准 7，尤其要坚持标准 3 来进行选股。

◎ 兼顾安全性和成长性的投资者，则可能忽视标准 3，但要注重标准 1 ～标准 5，以及标准 9 和标准 10。

◎ 希望实现超常股价增长的投资者可以忽视标准 3，适当考虑标准 4 ～标准 6，但对标准 9 和标准 10 要给予重点关注。

通过研究这份要点列表，投资者可以选择那些最能帮助实现他们目标的要点，对其他的要点则可以适当做出妥协，作为参考因素即可。

格雷厄姆说，在选择股票时，定量因素应该排在定性因素之前。但是，定性因素可以提供令人舒适的安全边际，在某些特殊的情形下，若定性因素足够有说服力，则完全可以推翻或不予考虑定量因素的判断。

定性因素

伯克希尔－哈撒韦公司的沃伦·巴菲特这样解释："当以投资为目的对证券和公司进行估值时，投资者往往要结合定性因素和定量因素进行综合考虑。在某一极端情形下，专注于定性因素的分析师会说，'买正确的公司（有良好的前景、成熟的行业发展环境、优秀的管理水平等），股价自有表现。'而笃信定量因素的分析师则会说，'在合适的价格买入，公司（和股票）自会正常运营。'证券市场常常会产生双赢的结果，无论采取哪种方法都能赚钱。当然，所有分析师在某种程度上都综合考量了两种因素——他所属的投资流派，他是定量分析师还是定性分析师，主要取决于他更侧重哪一类因素的分析，而不是他是否只考虑一类因素而完全摒弃另一类因素。"[8]

当两只股票看起来同样具有吸引力时，定性因素可能会起决定性作用。但当投资者只能买得起其中一种时，公司的规模和特性、产品的质量、投资者对相关行业的特殊了解及该公司的高级管理层等，则都将被纳入考虑范围。

稳定性优于灵活性

格雷厄姆和多德说，当两只股票由于基本面非常相似，让人难以抉择时，规模更大、更成熟的公司会因为稳定性较好，而优于初创公司。成熟的股票通常在市场波动时不会大起大落，因为惯性作用使它们在市场下跌时的抗波动能力更强，不过在市场上涨时，这个特性则可能会拖累股价的上升：

> 未经培训的买家通过购买声誉最高的商品获得最好的收益，即使他可能得支付相对较高的价格。[9]

规模不是缺陷

> 作为规模的补偿，我们可以看到这样的事实：成功的小公司可以比那些已经拥有庞大规模的公司，出现更令人印象深刻的增值。[10]

不过，大公司和小公司的股票，格雷厄姆都会买。他发现，经过精心挑选的大公司的股票的价格也可以增长得非常快。

投资者有一个根深蒂固的观念，即小公司的股价往往比大公司的股价表现得更好。现在已有研究证实这种小盘股优势的观念是错误的，原因主要是投资者对数字产生了误解。

该研究实际上表明，那些被严重低估的公司（正是这个原因，它们的总市值相对较小）表现得更好。尽管有了新的证据，但是投资专栏作家大卫·德雷曼说："没有一家商业或金融刊物，里面没人说小盘股是如今的最佳选择。谣言传得久了，就成真的了。"[11]

了解行业会加分

巴菲特建议投资者量力而行。"我们的原则适用于科技股投资，但我们不知道从何处着手。"他告诉伯克希尔－哈撒韦公司的股东，"如果今年你们赔钱了，我们希望明年能够赚回来，并在此向各位解释我们是如何做到的。我确信比尔·盖茨（微软公司）也会遵循同样的原则。他了解科技就像我了解可口可乐或吉列公司一样。我敢肯定他也在寻找安全边际，他会从股东的角度出发，而非仅仅以拥有一只股票而已的心态来寻找安全边际。所以，我们的投资原则适用于任何科技类股票，只是我们不是做这件事的人。如果我们不能在能力范围内找到合适的目标，那么我们不会去扩大投资范围，我们会耐心等待机会的出现。"[12]

虽然巴菲特仅使用可口可乐和吉列作为他完全了解的公司的例子，但他对保险业也非常精通，保险业在伯克希尔－

哈撒韦公司资产中占据相当大的比重。当他还是研究生时，他把 GEICO 当作研究课题，开始了他了解保险行业是如何运行的第一课。

布兰德斯投资合伙公司的查尔斯·布兰德斯说，投资那些你非常了解的公司，意味着"你不会因为耸人听闻的新闻标题影响你的短期投资决策。同时，了解业务也可以激励你对公司内涵进行必要的挖掘"。[13]

检查管理层

管理层的使命在于让公司股票增值，明天比今天更值钱，这是一个老生常谈的话题。我们都知道，投资者最想让管理层做到的是，把公司经营好并实现盈利。然后，他们希望管理层能利用利润来增加股东权益、公司净资产，或者两者兼而有之。"回购股票是一家公司回报投资者最简单也是最好的方式，"富达麦哲伦基金的前经理人彼得·林奇解释说，"但这不是唯一的方式。"[14] "除了回购股票，替代方案还有：①提高股息；②开发新产品；③开展新业务；④进行并购。"林奇继续说道。[15]

后面三种替代方案对投资者的回报保障力度较弱，但对公司而言，它们会产生积极的影响。

本杰明·格雷厄姆的投资方法

格雷厄姆一生都在不断地寻找更好的选股方法，他对确定能够带来高投资回报且具有安全性的股票的最优挑选标准进行了各种测试。他要寻找的是一种既合乎逻辑又简单的方法，一种能在长期实现令人满意的回报的方法，即使其间市场发生暴跌。

在退休很久之后，80 岁高龄的格雷厄姆提出了一套更先进的选股标准，这套标准也成为他与朋友共同创立的一只投资基金——雷 - 格雷厄姆基金的指导原则。这些标准都包括在本章前面列出的他关于被低估股票的 10 个标准内。尽管格雷厄姆的目标是使标准尽可能简单化，但大多数投资者还是认为这 10 个标准的技术性较强。格雷厄姆在他的著作和其他文章中提出了许多不同的选股方法，但实际上这些都是他的基本原则的变形。研究显示，所有这些选股方法都创造了比道琼斯工业平均指数更安全、更高的投资回报率。

防御型投资者

保守的投资者如果按照格雷厄姆在《聪明的投资者》一书中介绍过的，在其杂志文章中也经常提到的，并且在他的课堂上也教授过的"股市成分法则"进行操作，几乎不可能犯错。这些指导原则非常简单易懂。

对于希望较少进行组合维护、投资成本较低并要求极高安全性保障的投资者而言，在挑选公司时需要考虑以下 7 个标准：

◎ 规模足够大（年销售额 1 亿美元，资产至少 5000 万

美元）

◎ 财务状况足够稳健（流动比率为 2：1）

◎ 过去 20 年持续派发股息

◎ 至少 10 年没出现过亏损

◎ 过去 10 年盈利至少增长了 33.3%

◎ 股价不超过净资产的 1.5 倍

◎ 股价不超过过去 3 年平均盈利的 15 倍 [16]

以上策略实际上排除了所有所谓的成长股，但投资者仍将从长期的稳定性和增长中获益。属于这种"买入并持有"投资组合的公司，在牛市中其股价通常不会有惊人的表现，但它们的增长是可靠的；当市场下跌时，它们的跌幅也相对较小。因此，就像寓言故事中的乌龟一样，它们常常比兔子先到达终点。

激进管理型的投资组合

在 20 世纪 70 年代初的一次演讲中，格雷厄姆概述了自己早期的投资策略在现代市场中是如何运用的。正如前面解释的那样，他早期的成功很大程度上基于这样的方法——发现极其廉价的股票，买入许多被低估的股票，并期望快速上涨的股价能弥补那些不及预期的股票所带来的亏损：

我们的投资技巧看起来简单得令人难以置信。

它们不涉及对经济或股市的预测，也不涉及对行业和个别公司的选择，唯一的依据是将价格吸引力作为标准，无差别地运用在一组股票上。[17]

这种策略能否成功取决于是否能找到极其廉价的股票——自第二次世界大战结束以来，应用这种策略已经变得越来越困难。1973 年，格雷厄姆对他早期的投资技巧进行修改时指出，那些愿意投入时间和精力进行研究、跟踪和管理投资组合的投资者，仍然可以通过购买极其便宜的股票来获得更高的回报。

精心调整后的投资组合

在 1975 年格雷厄姆提出的一种投资方法中，他建议投资者遵循以下几条投资组合管理规则：

◎ 从符合以下标准的股票中随机选择 30 只左右建立投资组合。

◎ 给每只股票设定两年内实现超出成本价 50% 的利润目标。

◎ 两年内获利不超过 50% 的股票，应在两年期满时全部按市价抛售。

具体而言，对于这个投资组合，格雷厄姆建议投资者购买符合以下标准的股票：

◎ 具有吸引力的市盈率，或者关注盈利价格比率——市盈率的倒数，其应为穆迪 AAA 级债券过去 12 个月收益率的两倍，但市盈率绝不高于 10 倍。

◎ 具有吸引力的股息率（在大多数市场上，3%～6% 是理想的水平）。

◎ 股价低于每股账面价值（如果你能找到这样的股票，那么其中股价为每股账面价值 2/3 左右的是首选）。

◎ 股价应该远低于之前的最高点（比如是过去两年市价最高点的一半）。

◎ 相对于过去的盈利增长而言，有一个具有吸引力的股价（市盈率低于过去 7～10 年的平均市盈率）。

格雷厄姆使用各种市盈率和账面价值进行测试，无论他怎么倒腾，这个投资组合都产生了高回报（尽管他建议采用股息和盈利增长的标准，但给出以下结果的测试并不包括这两类标准，因此并没有足够的证据支撑这两类标准能带来高回报）。格雷厄姆表示说：

> 使用我们的任何一种简单方法（不同市盈率和账面价值筛选标准选出的各种组合），投资者都可以获得比纽约证券交易所的随机投资组合平均高出 5%～15% 的回报率。[18]

如前所述，最好的测试结果来自我们所强调的较低的市盈率。品尼高西方资本公司的真实故事显示了，一只有潜力的股票是否经得住本章及前几章所提到的价值标准审查的考验。品尼高西方资本公司的股票就是一个没有完全达到标准的例子。

从价值投资角度看品尼高西方资本公司

品尼高西方资本公司是亚利桑那州的一家公用事业公司，1995 年被许多投资分析报告看好，被认为是一只极好的投资标的。品尼高西方资本公司有房地产开发部门，但是其 98% 的收入都来自公共事业子公司，即亚利桑那州公共电力公司。在 20 世纪 80 年代早期，品尼高西方资本公司试图将业务扩展到银行业和房地产领域，但金融服务部门表现惨淡，公司最终结束了这项业务。在那之后，品尼高西方资本公司的股价出现了反弹。顺便提一下，亚利桑那州公共电力公司运营着一个核电站，这给电力公司增加了一个风险点。让我们用格雷厄姆公式对品尼高西方资本公司进行估值，看看它的内在价值。内在价值计算方法见式（7-1）：

$$内在价值 = E（2r+8.5）\times 4.4/Y \qquad （7-1）$$

使用 1995 年品尼高西方资本公司的财务数据，该公司的内在价值计算过程见式（7-2）：

$$E（每股盈利）= 2（美元）$$

$$r（预期盈利增长率）= 5.27\%$$

（通过价值线公司的预测数据计算得出）

Y（AAA 级公司债的当期收益率）=7.37%

2×（2×5.27+8.5）×4.4/7.37 ≈ 22.73（美元）　　　（7-2）

采取这些数据计算时，品尼高西方资本公司的股价为 25 美元，正好高于我们估算出的内在价值。

作为检查品尼高西方资本公司股票是否值得购买的第二步，让我们看看该公司股价与其他价值衡量标准相比表现如何。以下是一些补充情况：

- 账面价值。该公司每股账面价值为 21.40 美元，与交易价格接近，但交易价格仍高于每股账面价值。

- 负债。负债权益比为 53%——虽然偏高，但也不算离谱。

- 市盈率。市盈率为 11，在格雷厄姆可接受的价值范围内。

- 盈利趋势。1984 ～ 1994 年，该公司的平均每股盈利为 1.99 美元，恰好等于该公司 1994 年公布的每股盈利数据。1995 年每股盈利预计为 2 美元，1996 年预计为 2.20 美元。总体看，盈利情况时好时坏。1984 ～ 1987 年，盈利表现强劲，之后则开始下滑。1991 年，每股亏损 3.90 美元，然后又再次回升，但增速并不显著。

- 股价标准。每股 25 美元的交易价格接近过去两年价格的高点。

- 股息分配历史和股息率。1991 ～ 1993 年暂停派发股息，1993 年后恢复。与其他的公用事业公司相比，该公司的股息率和股息支付率都偏低。

对于格雷厄姆定义的防御型投资者而言，考虑到该公司的股息记录、疲弱的盈利状况和较低的盈利增速，这家公司应该被淘汰。而相对激进的投资者，基于以下三个原因，也不会考虑这家公司：与过去的股价相比，目前的价格太高了；目前股价超过了账面价值的2/3；股息收益率很低。

如果这只股票的财务数据表现得更强劲一些，而且股价没有超出格雷厄姆的标准范围，那么它可能是合适的购买对象。目前，该公司的管理层正在减少债务，并将相当一部分利润转为留存收益。这家公司最后可能会成为更具吸引力的投资标的，但在我们进行分析的当前时点，还有很多其他前景更好的股票可供选择。

价值线公司1995年5月6日的一份研究报告和我们的观点相差无几："总体而言，公司财务情况有明显提升，但目前我们并不建议保守型投资者购买该股票。" [19]

挖掘价值被低估的股票

正如前面所强调的，被低估的股票可以在市场低迷时从大量低价股票中被挖掘出来，也可以在市场总体股价并不低迷时在那些被忽视的股票中被找到。通常，当一家公司遭遇一连串坏消息时，就会出现暂时的便宜货。在许多这样的情况下，投资者会对最初的负面消息反应过度，一只基本面稳健的股票因此就会被低估——至少在投资者歇斯底里的情绪消退之前是如此。

此外，当市场表现强劲时，投资者应该密切关注那些因为某些原因逆势而行、表现低迷的行业。1990～1995年，金融服务、医疗和公用事业类股票都被列入投资者黑名单。然而，常识告诉我们，银行、医药制造商、医院和电力公司会继续存在，并仍将生机勃勃。当相关行业上空的乌云散去，相关公司的股票价格就会上涨。

那些股票大幅打折的公司往往位于消极情绪泛滥的地理区域。不知为何，人们总认为坏消息会永远持续下去。得克萨斯州、科罗拉多州和马萨诸塞州在过去的20年里都经历了经济低潮。一些人为了寻找工作离开这些州，但这些地区并没有荒芜，经济活动也未就此停止。然而，位于这些地区的许多企业不可避免地受到了悲观情绪的打击。

加利福尼亚州由于最近联邦政府削减航空航天工业预算的政策，也经历了类似的情况。然而，加利福尼亚州是世界第七大经济体，我们确信它不会就此陨落，加利福尼亚州仍然是加利福尼亚州。当悲观和末日情绪泛滥时，价值投资者却大举涌入加利福尼亚州，寻找被低估的银行、公用事业公司、石油公司和房地产公司。

寻找你所需的信息

寻找投资便宜货的传统方法（仍然是最简单的方法）是密切关注财经新闻，利用传统的股票信息服务。例如，每天在《华尔街日报》股价栏中搜索触及新低的公司。如果你只能定期查看股价，那就订阅《巴伦周刊》吧。一些日报会在每周日发布股市价格周报。

当你阅读财经新闻时，你会被各种复杂的投资信息狂轰滥炸。所以，在基于这类服务做决策时，要衡量信息的质量和时效性（与成本对比）。

专业投资者可能会发现，福特投资者服务公司或道琼斯德励信息系统等提供的服务物有所值。但是，这些错综复杂，有的甚至是为客户专门定制的信息价格不菲，往往比个人投资者每年在投资组合中的收入还要高。有关网络化信息资源的更多内容，请参阅第 10 章。

去图书馆

即使有大量的电子资讯，许多投资者仍然长途跋涉去图书馆，查阅传统的信息来源——例如价值线公司和标准普尔公司的股票报告。沃伦·巴菲特使用价值线的报告，尽管他常常抱怨价值线仅仅提供过去 10 年的信息，而这根本不够用。据说，他对查阅过的资料都保存了副本，以便进一步搜索信息。

除了公司本身的公告，标准普尔公司和价值线公司还提供富有价值的公司研究和市场分析报告。投资者会在其中找到股市平均指数、市盈率中位数及其他汇编资料。例如，价值线公司通过扫描市场数据，整理了高收益证券、现金流强劲的公司、股价低于账面价值的股票、市盈率较低的股票及资本回报率较高的公司的名单等。投资者通过浏览这些名单来挑选投资标的，可以节省大量的时间。

公司比较

比较同一行业内的不同公司是投资者很有价值的准备工作。如果竞争对手可能表现得更好，为什么还要买这家公司呢？如果百时美施贵宝公司能带来更高的投资回报，为什么还要购买默克公司呢？不过，这样的比较也可能会分散投资者的注意力。

格雷厄姆提醒投资者，当拿一只股票和另一只股票进行比较时，不要忘乎所以地仅将 A 公司是否优于 B 公司作为决策依据，而忽略了首先应该做的，即判断 A 公司本身是不是一个理想的投资标的。可能两家公司都不值得购买，又或者投资者可能决定同时拥有两者。

买入股票只是投资活动的开始而已

在接下来的章节中，我们将讨论一系列其他话题，这些话题可以帮助投资者更好地完善和管理投资组合。一旦你购买了一只股票，你就成了该公司的所有者。格雷厄姆和多德指出，所有权会附带一定的责任——你必须对公司提案进行投票，对股息纳税，监督公司业绩，并决定是卖出公司股票还是继续持有：

选择股票是一次性的行为，持有股票则是一个持续的过程。当然，股东和即将成为股东的人一样，都需要格外小心谨慎并做出正确的判断。[20]

结论

1947 年，在纽约金融学院的一次演讲中，格雷厄姆向投资顾问们发表了一段"精辟言论"：

投资者以合理的价格买入好股票时，不会犯错误，或者说不会犯大错。他们犯下严重的错误，都是因为买入了糟糕的股票，特别是那些由于各种原因被迫买入的股票，有时候（事实上，他们经常）也因为在牛市高点时买入好股票而犯错误。[21]

在吸取了迄今为止这么多经验教训后，也许无论在什么时候，投资者都可以避免为一只股票支付过高的价格。一旦买入了某只股票，价值投资者必须培养自己的耐心。一家公司的价值可能需要好几个月的时间才能被市场认可——有时甚至长达 3 ～ 5 年。

"价值投资者的目标不是突然的增值和迅速套现，"查尔斯·布兰德斯解释说，"而在于以合理的

价格找到一家优秀的公司，或者以低廉的价格找到
一家中规中矩的公司。"[22]

最后，请牢记，所有人都会犯错，没有投资者会百分之
百做出正确的选择——即便是沃伦·巴菲特也买过美国航空
公司的股票，这家公司曾经前景光明，后来却陷入运营困境，
最终甚至暂停派发优先股股息（其实，美国航空公司在暂停派
发股息之前，连续多年向伯克希尔－哈撒韦公司派发了高额
股息。所以，严格来说，这笔投资并非血本无归）。

··· **请记住** ···

◎ 寻找安全边际：

> 我们通过坚持寻找安全边际，或价值与股价之间的差额获得了保护。这句话的潜台词就是，即使证券的吸引力没有表面上看起来那么大，但结果也可能仍然是令人满意的。[23]

◎ 通过考察公司的历史、关键财务数据及管理水平，以寻求品质。

◎ 小投资者或投资新手应该避免购买新成立的或者几乎是新成立的公司的股票，避免在市场上频繁交易，避免购买所谓的成长型股票，尤其是在市场情绪亢奋的时候。

◎ 听从格雷厄姆和多德的忠告，并独立思考：

> 大众投资者购买的股票往往是有人想出售给他们的，而推销活动实际上是为了让卖家获利，而非为了买家。[24]

第 7 章

在每个市场中都茁壮成长

几乎在所有其他行业中,人们都会在低价时购买更多的商品,然而在股票和债券市场中,人们似乎在价高时购买得更多。[1]

——詹姆斯·格兰特

1987年10月的股市大崩盘对于所有严谨的投资者来说，都是一个极好的学习机会。至此，投资者终于开始明白，市场永远无法摆脱先过热，然后矫枉过正这样的倾向。市场可能在不断地寻找内在价值，但是它们的做法就像猎犬寻找气味一样，疯狂地围绕线索来回走动、嗅来嗅去。即便这条狗可能找对了方向，但是这个过程可能看起来非常疯狂。

> "先不考虑1987年1月1日当时的股价水平是否合理，我们至少可以肯定的是，截至8月25日，美国工业总产值并没有增长44%。同样地，美国工业产值也不可能在10月19日这一天蒸发23%。"威廉·鲁安和理查德·坎尼夫在红杉基金1987年第三季度报告中写道。[2]

当一只股票被低估时，它就时刻准备好开始逆转了。1995年4月，柯克·科克里安和李·艾柯卡对克莱斯勒公司发起收购要约时，克莱斯勒股票的实际价值是否在一夜之间从每股39美元飙升至55美元了？可能并不是这样。按照大多数的分析标准，克莱斯勒当时的市盈率仅为4，每股39美元的价格明显被低估了。收购要约引起了投资者的警觉，他们开始留意克莱斯勒公司的情况。但是，在1995年9月初，也就是差不多4个月之后，克莱斯勒的股价仍然在55美元左右，即使当时其市盈率只有8。

这就是格雷厄姆所谓的"市场先生"的毫无章法的行为。

市场先生

市场先生是一个情绪失控的怪人！他头发乱蓬蓬的；他的指甲几乎被牙齿咬没了；他不停地用手指敲打桌面；他总是从一个危机奔向下一个危机，如果他不得不停留一段时间，他的膝盖会强迫性地抽搐。他如何保住他在华尔街的工作？他就是华尔街本身。

格雷厄姆告诉他的学生，要把市场先生看作一个混乱而善变的商业伙伴。沃伦·巴菲特这样描述市场先生的行为：

"尽管你们两人之间的商业交易具有稳定的经济基础，但'市场先生'的报价绝不会考虑这些。所以，非常遗憾地说，这个可怜的家伙有着根深蒂固的情绪障碍。"[3]

市场先生有强迫症。他每天都会出现，并对你持有的业务提出报价。如果你不理他，他既不会生气也不会就此却步。他第二天还会照常出现，第三天、第四天亦是如此。

市场先生也有狂躁抑郁症，有时候会变得异常兴奋。在这段时间里，他只能看到蔚蓝的天空和不断攀升的利润。此时，他会冲进来，给你持有的股票开出一个不切实际的高价。而只要有一点负面消息，市场先生的情绪就会急转直下，给出的价格则会低得离谱。

不要理会他的情绪波动。"市场先生是为你服务的，而不是指导你做决策的。"巴菲特解释说。[4]

如果他的出价符合你作为投资者的需求，你可以接受他的提议；如果不符合，你可以选择忽略。如果你占了他的便宜，市场先生从来不会记仇。虽然市场先生很疯狂，但他也是一个痛快的生意伙伴。

我们说价值投资者不"投机"，并不是说市场周期不存在，也不是说市场周期对于投资活动没有重要的作用。投资者只需要看一下道琼斯工业平均指数的长期走势（10 年、20 年或更长时间）就可以看到整体股价总有波动式的上涨和下跌。价值型投资者只是明白，他们无法预测市场指标的下跌幅度或上涨幅度，也无法预测市场何时反弹。格雷厄姆也承认，市场波动是成功投资的重要组成部分。

在合适价位的合适证券

投资者能够获利主要在于以合适的价格购买和持有合适的证券。实际上，市场波动之所以对投资者很重要，是因为当市场波动带来低价证券时，投资者可以明智地做出买入的决定，而当市场波动导致证券价格处于高位时，投资者就会停止购买，甚至可能做出抛售的决定。[5]

虽然事后总能很容易地分析之前的市场状况，但是按照《证券分析》的说法，投资者预测未来是几乎不可能实现的事情。

从某种意义上说，市场和未来对投资者而言一样的困难。它们都不能被分析师预测或控制，然而分析师要取得成功却深深依赖于这两者。[6]

尊重市场

虽然择时买卖股票，试图踩准市场的最低点和最高点的结果往往是徒劳无功的，但价值投资者和择时投资者都相信两个假设：

◎ 市场常常偏离它的真实价值。
◎ 市场有自我调整的趋势。

此外，择时投资者和价值投资者凭直觉与经验都知道市场走势和基本面价值是相关的。一家公司的股票价格最终会上涨（有时会下跌），回归它的实际价值。环境的改变、新消息的出现，又或者是投资者对现状的顿悟，就像月球影响潮汐一样影响着市场。

山峰、草地和山谷

投资者在短期内难以发现股市走势的原因在于，股市走势图并不像富士山那样——平稳上升到高点，然后出现一个不错的平地，让投资者有机会看看风景，拿到利润后启程下山。股市的走势更像内华达山脉——蜿蜒曲折，每一座山峰

都比之前的山峰更高，直到你到达惠特尼山的顶峰。市场与
山脉还有另外一个相同之处，即从山顶下来的过程总是比爬
上去时更快、更可怕。然而，与山脉不同的是，金融市场是
在你参与的过程中才形成的。

市场分析

投资者不断受到市场分析的狂轰滥炸，所有的分析可以
分为两类：

◎ 第一种方法是回顾，即用过去的市场行为组成"图表
分析"。

◎ 第二种方法是前瞻，即预测可能会影响公司盈利或投
资者态度的因素，包括利率变化、行业周期、商业和
政治环境等。

格雷厄姆和多德认为这两者均不是科学的方法。经济、
市场或某只证券过去的表现并不能保证未来的表现。前瞻性
分析引入了多个未知变量——其中任何一个变量的预测都可
能出错。

图表分析是从查尔斯·道的研究和著作中发展而来的。
他在 19 世纪末和 20 世纪初专门报道华尔街动态，是一位受
人尊敬的投资记者，由于道琼斯指数而被世人熟知。但格雷
厄姆并不认同所谓的道氏理论，他认为这类技术分析的风险
非常高。在他看来，短期内根据市场的波动来进行交易可能

更为容易，也可能更有利可图，但市场交易者很难用这种方法积累长期利润并将收益装进自己的口袋：

> 在市场分析中没有安全边际。你要么就是对的，要么就是错的。如果你错了，你就会赔钱。[7]

尽管格雷厄姆对查尔斯·道的追随者在他逝世后发展起来的理论不以为然，但他非常尊重查尔斯·道本人的学说。他们两人都采取保守的投资策略，并且都认为股市虽然充满风险，但只要投资者保持头脑清醒，他们就能赚钱。

格雷厄姆与查尔斯·道

本杰明·格雷厄姆经常指责道氏理论是一种依赖于特定的市场形态发出买入和卖出信号的市场择时方法。但道氏理论的实践者说，当一个平均指数的趋势被另一个平均指数跟随时，这些信号就得到了证实。

格雷厄姆认为，虽然这种方法在某些市场领域中取得了成功，但是长期来看该方法不一定有效。例如，格雷厄姆的研究显示，在 1938 ～ 1968 年的 30 年间，采用道氏理论的投资者们的业绩表现，远不如简单地买入并持有道琼斯工业平均指数取得的回报。[8]

虽然查尔斯·道潜心于研究市场走势，但他和格雷厄姆其实有许多共同点，比如他们都相信内在价值的变动会驱动市场。

"了解价值就等于理解了市场波动的内涵。"查尔斯·道写道。[9]

查尔斯·道出生于美国康涅狄格州,生性内敛、沉默寡言,创办了《华尔街日报》,也是该报的第一位编辑。他担任编辑和股市专栏作家的时间并不长(查尔斯·道于1889年创办《华尔街日报》,1902年就逝世了),但是他对投资理念的影响极为深远。

查尔斯·道本人的著作中包含许多谨慎提示,以至于几乎否定了他的追随者们在他逝世后发展起来的复杂的投资体系。查尔斯·道坚持认为,股价由公司价值决定,而公司价值又取决于公司盈利。尽管他认为没有图表能够预测公司未来的真实前景,但他确实相信,一个精明的"投机者"可以根据市场的涨跌起伏进行买卖操作从而获益。

查尔斯·道指出,证券市场就像自然界中的其他事物一样,其运行有规律可循。他观察到,股市表现出一种节奏内包含节奏的运行模式:市场每天都有波动,这种每日的波动以平均30~40天为一个周期震荡起伏;30~40天的波动又会合并成更长的牛市或熊市趋势,持续时长可长达4~6年。

"股市有三种明确的运行走势,这三种走势相互融合。没有什么比这更确定的了。"查尔斯·道写道。[10]在这种市场波动结构中,一只股票可能有自己的周期,有时会跟随市场波动,有时则不然。无论是市场还是某只特定的证券,它们的未来都不会体现在图表中。

"在市场的顶部和底部实际出现之前,人们无法预判股市何时见顶或见底。"查尔斯·道1902年在一个专栏中写道，"有时候，人们能猜到股价是否到达顶部或底部，但是这种猜测本质上并不具有什么价值，正如华尔街的一句谚语，只有愚蠢的投机者才寄希望于以最低价买入股票并于最高价时卖出。但凡有经验的投机者都知道，没人能够百分百确定或规律性地做到这一点。" 11

因此，格雷厄姆和查尔斯·道并非完全是两个世界的人。

择时与择价

由于市场周期显然是存在的，明智的价值投资者会充分地利用它们。格雷厄姆说，利用市场波动有两种可能的方法：

◎ 择时

◎ 择价

许多研究结果都倾向于证实格雷厄姆的观点，即市场择时或预测市场波动的方法是站不住脚的。1995年的一项研究结果显示，靠择时刊物推荐的方法进行操作，其中75%的回报率表现不如以标准普尔500指数为基准买入并持有的策略。如果某份刊物连续两年都打败了市场，那么第三年其继续跑赢市场的概率将不到50%。 12

由于准确择时几乎是不可能实现的事情，格雷厄姆建议投资者采用择价方法，即基于价格进行买入或卖出。此时，投资者不需要预测股市是牛市还是熊市，而只需要根据实际情况操作即可：当投资者知道价格已经下跌并且证券价值被低估时，他就会买进；而当牛市将价格推高到股票或债券的内在价值以上时，他就会卖出。

通过在市场顶峰时抛售估值过高的证券，并坚决持有现金，投资者就能在市场低谷时用这些储备资金去购买大量便宜的证券。虽然市场波动不可能被准确并持续地预测，但一旦发生，投资者就可以加以利用。

相信牛市

当市场快速上涨时，价值投资总是会失去投资大众的青睐。作为《证券分析》和《聪明的投资者》的版权所有者，格雷厄姆的儿子说，当市场繁荣时，他父亲的书通常卖得很差。在那个时候，几乎所有的投资者都觉得他们有能力挑选出一只好股票。在一个竞相上涨的市场中，投机性较强的股票的价格纷纷创历史新高，价值股的表现则显得沉闷乏味。但当股市开始回调时，情况就完全不同了：稳定性强的价值股就像是投资者值得信赖的朋友，格雷厄姆的著作也随之畅销起来。

大多数牛市都有明确的特征，其中包括：

◎ 价格水平创历史新高。

◎ 市盈率很高。

◎ 与债券收益率相比（或与常规的股息率相比），股息率偏低。

◎ 融资融券交易行为变得过激，投资者开始借钱买入对
　他们有吸引力的高价股。

◎ 大量新股集中上市，特别是一些问题公司纷纷进行首
　次公开募股（IPO）。因此，牛市也被投资银行家和股
　票发起人称为"机会之窗"。由于 IPO 经常发生在华
　尔街豪掷千金、乐意购买高价股的时候，因此有经验
　的投资者开玩笑说，此时的 IPO 其实表示"该公司的
　价值很有可能被高估了"（It's probably overpriced）。

在过山车的顶部暂停

当市场处于高位时，价值投资者只能采取一种策略——
保持耐心。投资者可以选择以下两件事中的一件去做，不过
这两件事都需要稳健的心态。

◎ 出售投资组合中所有的股票，拿到利润，然后等待市
　场下跌。到那个时候，许多好股票就会出现。这听起
　来很容易，但是卖掉一只价格仍在上涨的股票，会让
　很多投资者痛苦不堪。

◎ 坚持持有投资组合中那些具备长期潜力的股票，只卖
　出那些明显被高估的股票，然后等待市场下跌。在这
　个时候，与活跃的成长型股票相比，价值股的增速可
　能非常缓慢，但事情也并非总是如此。

然而，随着回调的到来，无论是突发的还是缓慢来临的，

精心挑选的价值股的抗跌性都相对更强。

　　一位价值投资者的投资组合可以给大家展示，当市场从悬崖跌落时会发生什么。1987年9月初，沃尔特·施洛斯的投资组合上涨了53%。当道琼斯工业平均指数达到2722.42点的历史高点时，市场整体上涨了42%。10月时，市场从顶峰跌落，道琼斯工业平均指数在一天内暴跌504点。之后市场有小幅反弹。最终，施洛斯的投资者组合在1987年以26%的涨幅收盘，而整个市场仅上涨了5%。施洛斯遵循了投资的第一条原则——不要亏钱。弥补亏损的过程会让投资者的长期平均回报率非常难看。

　　施洛斯是一位经验丰富的投资者，并不是所有的价值投资者都能在上涨的市场中做得这么好。这需要反复练习。"我猜测，长期来看（价值投资者）应该比市场表现好20%（即使在牛市最亢奋的时期可能做不到），如果他能严格地运用价值投资方法。"作家约翰·特雷恩说道。[13]

　　对于热门股，当它们遭受重创时，投资者就陷入了穷途末路的境地。如果抛售股票，投资者的损失就变成永久性的了，亏损的钱不会再回来。而如果投资者紧紧抓住已经下挫的股票不放，回到原始购买价格的过程将非常漫长，这又将严重侵蚀投资者的整体回报。

与熊市做朋友

　　当市场回调来得过猛时，人们总是会问：这是1929年大萧条的重演吗？证券经纪人会跳楼自杀吗？这是另一场大萧条的开始吗？格雷厄姆当然了解这样的经历。他意识到了1929年的股票市场已经处于危险的高位，所以他小心翼翼地进行选股，并采取了对冲策略。格雷厄姆认为他保护了自己的账户，但他没能完全执行所有的对冲手段，而且过度使用了保证金。这导致他在大崩溃中损失惨重。尽管如此，他挺过来了，通过不懈的努力重建了自己的投资组合，并在不久之后告诉全世界，重新购买的时机已经到来。这个信息撬动了市场的复苏。

市场处于底部时的便宜货

1932年，38岁的格雷厄姆已经经历了大起大落，赚过几百万美元，也亏损过几百万美元。为了挺过大萧条时期，他在几所大学任教，担任证券纠纷案中的专家证人，为财经媒体撰写文章，还和他的合伙人杰罗姆·纽曼一起收购并清算了几家倒闭的公司。

1942年6月，《福布斯》发表了格雷厄姆系列文章中的第一篇。文章提醒投资者，市场上许多公司的股票市值已经低于公司库存现金的价值。这个系列文章的题目是《美国企业是否值得存在下去》。

格雷厄姆在文章中指出，在纽约证券交易所上市的公司中，有30%的公司以低于其净营运资本的价格出售，其中一些公司的出售价格甚至低于其持有的现金资产。换句话说，如果一个投资者购买了一家公司的全部股份，然后出售其资产，他将获得丰厚的利润。这个系列的文章被广泛传阅，它们给予了沮丧的投资者重返股市的勇气，并激发了股市长期持久的复苏。[14]

格雷厄姆的智慧在 1974 年再次启发了投资者，当时股市正处于深度萧条之中。他在投资管理与研究协会（AIMR）的前身——特许金融分析师协会（他协助创立了该协会）的年会上发表了讲话。在题为"价值的复兴"的演讲中，格雷厄姆指出，股票已经再一次以远低于其内在价值的价格被抛售。"这种'贱卖股'还会被继续抛售多久？"他问道。格雷厄姆鼓励投资经理在价格如此低的时候尽可能多地买入便宜股票。当时，道琼斯指数已回落至 600 点。[15]

此次，格雷厄姆再次吹响了号角，引领了市场复苏。到 1976 年，道琼斯工业平均指数突破了 900 点。

市场处于底部的信号

从理论上讲，市场周期的底部——或接近底部时，应该比市场顶部或接近顶部时更容易判断。相关证据可以在公司的资产负债表、利润表、市盈率、股息收益率和其他定量指标中找到。同样地，市场的整体状况也会通过较低的各种比率数据反映出来。总而言之，定量因素自己会说话。

例如，道琼斯工业平均指数的股息收益率通常在某个区间内波动，市场处于底部时股息率最高为 6%，市场处于顶部时股息率最低为 3%。道琼斯工业平均指数的股息收益率有时会超出这个范围，但从历史上看，这个参数在判断市场是否被低估或高估时，非常值得信赖。

买入时机

当市场触及低点时，真正的价值投资者会感觉到收获的季节来临了。"价值投资者最有利可图的时机就是市场下跌的时候。"投资经理塞斯·卡拉曼说。[16] 这个时候有许多好公司可供挑选。例如，1973 年夏天，股市在不到两个月的时间里暴跌了 20%，巴菲特便对一个朋友说："你知道吗，有些天我一起床就想跳踢踏舞。"

不幸的是，这种时候也正是投资者情绪最低落的时候：恐惧和消极的想法占据了上风。任何一个曾经经历过熊市的人都知道恐惧是多么令人无能为力。但是，在熊市最被低估的时候，就是买入尽可能多的股票的时候。

> "在强劲的市场中是找不到便宜的价值股的。"
> 基金经理查尔斯·布兰德斯写道，"一种好的方法是，
> 检视那些已经下跌一年左右的股票。"[17]

如果你一定要赌赛马

格雷厄姆说过，有一种方法可以将择时与价值投资原则结合起来，虽然他并不建议投资者尝试这种方法。这种方法

最初由罗杰·巴布森提出，他与格雷厄姆是同时代的人，从事金融服务和投资咨询业务。格雷厄姆指出，这种方法对人的毅力提出了很高的要求，而且会让投资者远离繁荣的市场。这种方法听起来很简单，不过，对于那些了解遵循这一策略有多困难的投资者来说，这种策略可以降低随着市场波动而频繁交易的风险。

以下是它的操作方法：

1. 挑选出一份分散化的普通股名单（投资者可以通过购买道琼斯工业平均指数中的成分股建立一只指数基金，但更好的做法是，仅购买道琼斯工业平均指数中被低估的成分股）。

2. 确定每一只股票的正常价值（选择适当的盈利倍数，并使用过去 7～10 年的平均盈利进行计算）。

3. 在股票出现大幅折价时买入——比如说，该股票市价仅为投资者所确定的正常价值的 2/3 时。以单一目标价买入股票的替代方法是，投资者可以在股价下跌时逐步买入，从正常价值的 80% 开始。

4. 在股价大幅高于正常价值时卖出股票——比如，高出 20%～50% 时。

这样，投资者就可以在市场下跌时买入，在市场上涨时卖出了。[18]

被低估的股票通常会连续几个月（甚至好几个月）处于低迷状态。对投资者而言，唯一能够预测并抓住反弹机会的方法就是确认被低估的情况，然后果断买入，之后耐心等待。
格雷厄姆说：

> 购买一只被市场忽视，因而被低估的股票来获
> 取利润，这通常被证明是一个旷日持久、考验耐心
> 的过程。[19]

结论

对于价值投资者来说，了解市场的本质和趋势是至关重
要的。稳健的心态，是对抗被市场上涨时的兴奋情绪和市场
回调时的悲观情绪传染的唯一防御措施。市场先生的情绪是
会传染给那些没有打过预防针的投资者的：

> 市场不是一台称重机，不会把每一只证券的价
> 值根据其特性，准确而客观地记录下来。实际上，
> 我们应该说，市场更像是一台投票机器，无数人在
> 上面做出自己的选择。这些选择有的是理性的产物，
> 有的则是感性的产物。[20]

内在价值因素与市场价格关系，如图 7-1 所示。

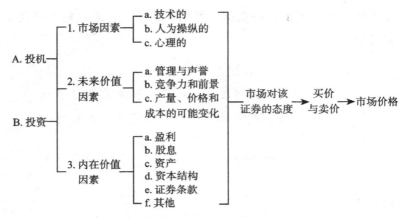

图 7-1 内在价值因素与市场价格关系图

资料来源：*Security Analysis* (New York: McGraw-Hill, 1940),p.27.

········· 请记住 ·········

◎ 理解市场存在的理由。"一只股票可以进行买卖是很
　重要的，但更重要的是，它必须有一个令人满意的价
　格。"格雷厄姆说。

◎ 一只股票看起来便宜或贵并不是它应该被买入或卖出
　的理由。"你的投资决策应由价值和价格共同决定，而
　不是仅仅取决于价格。"卡拉曼建议道。[22]

◎ 虽然投资者无法预测市场状况，但他们仍然可以在发
　现市场状况时，对其加以利用。

◎ 股市不过是股票进行交易的市场而已。任何一家公司
　都可能走出与市场不一样的行情，并随时准备好在它
　自己合适的价位由投资者进行交易。

第 8 章

风险管理

人们偶尔会被真相绊倒，但大多数人会爬起来，然后匆匆离去，好像什么事也没发生似的。

——温斯顿·丘吉尔

当一个投资机会出现时，大多数人会问的第一个问题是："我能赚多少钱？"但他们应该问的第一个问题其实是："我亏钱的可能性有多大——这里涉及的风险是什么？"如果这个问题有一个可以接受的答案，那么投资者获得并保持可观回报的概率就会大得多。

为什么股票经纪人喜欢统计学

你在霓虹灯公司投资了 100 美元。一年之内，股价高了一倍，上涨了 100%。突然，惰性气体的成本飙升，你的股票立马从 200 美元跌到 100 美元。你对股票经纪人抱怨，他却嗤之以鼻："你在抱怨什么？你的收益之前上涨了 100%，现在不过跌了 50%。"

"要记住，50% 的下跌完全抵消了之前 100% 的上涨。"格雷厄姆指出。[1]

风险可以得到有效管理的观念已经存在很长时间了。事实上，在 20 世纪 20 年代，格雷厄姆就开发出了一些至今仍在使用的标准化的风险对冲技术。不过，近年来，风险管理出现了一些新的变化。

有效市场不是……

在过去几十年中，由于有效市场假说（EMH）被广泛认可，风险管理发展成为一个大行业。有效市场假说宣称，股票价格在市场交易中被有效定价，以至于一个投资者相对于另一个投资者的优势微乎其微。该理论的创始人认为，由于投资者对所有的即时信息反应迅速，因此股票总能充分反映它们未来的价值，故只有愿意承担更高风险的投资者才能获得高于平均水平的回报。

有效市场假说的兴起导致了期货和期权市场的爆炸性增长，并刺激了投资组合保险和指数套利等热门策略的快速发展。对于那些试图将风险最小化以增加投资组合回报的投资经理来说，这些金融工具似乎是必要的。但自相矛盾的是，正是投资组合保险和指数套利的联动加速了 1987 年的股市大崩盘。而毫无疑问的是，在舍弃这些投资把戏后，股市便迎来了健康的复苏。金融衍生品，另外一种风险管理工具，则已经因为它们摧毁了股市帝国而声名狼藉。

有效市场假说淡出了人们的视野，但并未被遗忘

最近的一些研究，加上类似于 1987 年的股市大崩盘等经历，导致大多数理论家抛弃了有效市场假说理论，以及在此基础上发展起来的衡量波动性的指标——"贝塔值"。

> 有效市场假说的消亡强化了一个旧观念。"（有效市场假说消亡的）寓意很简单：股票市场的成功并非严密的数学公式可以计算出来的。它只取决于价值，以及对价值的不懈追求。也就是说，投资者

要有能力找到那些，出于各种原因，相对于公司基本面和潜在盈利能力而言比较便宜的股票——并有勇气在找到它们时果断买入。"投资作家大卫·德雷曼说。[2]

尽管有大量证据表明有效市场假说是无效的，但许多投资专业人士依然信奉该假说，并将投资活动建立在该假说之上。"有效市场假说的一些追随者宁愿死在股市里，也不愿放弃自己的信仰。"德雷曼总结道。[3]

贝塔因子

今天的投资分析师通常用波动率来衡量风险（与股票相关的），并将贝塔值作为具体衡量指标。贝塔值为股票价格波动与整体市场波动的协方差。通过了解和测算贝塔值，投资者可以降低一些从有效市场假说发展而来的投资风险。尽管最近的许多研究表明，波动性和风险不相关（即使相关，利用这种知识的成本也几乎总是高于它所节省的成本），但许多股票评级服务机构仍然会提供贝塔值测算结果，许多投资者也希望看到较低的贝塔值。早在贝塔值的实际意义被大众知晓之前，价值投资者就没有将其视作选股因子了。

大气湍流不会使飞行活动变得危险

价值投资者无须关心贝塔值，因为贝塔值基于短期股价波动，而价值投资者无视市场波动，将自己的重心放在内在价值之上。内在价值不会每天、每时、每刻发生变化，尽管价格很可能会这样。市场活动只是给了价值投资者以选定的价格买进或卖出的机会。

德雷曼在《福布斯》杂志的一篇文章中解释说，1990 年年末时，当他向投资大众强烈推荐银行和其他金融类股票时，他完全是在冒险。

> "这些股票的波动性极高，"德雷曼写道，"尽管这些股票已经大幅下跌，但在我推荐之后，股价又下跌了 10%～15%。而在接下来的 12 个月里，这些股票的价格涨了一倍多。其中，一些波动性最强的股票表现得更加出色。例如，PNC 金融服务集团和房地美公司的股票在接下来的几年时间里上涨了 500% 以上。"

德雷曼认为，尽管这些股票的波动性较高，但是风险并不过大。虽然当时市场并没有认识到它们的价值，但它们确实值得购买。

极其便宜的股票

> "在媒体预测股市即将崩溃时，有些股票几乎是白送给你的，不要太在意这件事情。无论从什么标

准来看，这些股票都像是偷来的一样，除了（有效市场假说的标准）……如果是你自己买股票，请忘掉那些被市场广泛使用的风险度量方法，比如贝塔值。波动性本身并不比公司资本支出决策或是买卖公司或业务的决策更能衡量股市的风险。"德雷曼说。[4]

持有这种观点的人并不只有德雷曼一个。

"对价值投资者而言，风险是企业内在价值的不利变化。"查尔斯·布兰德斯指出，"因此，我们认为应该把注意力放在公司本身，而不是股价上。"[5]

要回顾哪些因素可以表明股票风险程度的高低，请参阅第 6 章中提到的格雷厄姆所总结的被低估股票的十大特征，其中标准 6～标准 10 是关于风险的指标。

基金经理人的自白

拉布拉多合伙投资基金（Labrador Partners investment fund）的经理人斯蒂芬·法利（Stephen Farley）在 1995 年检视了自己的投资组合，认为如果他没有采用传统的对冲策略，比如根据市场是看跌还是看涨而买入"看跌期权"或"看涨期权"，那么他的回报率本会更高。

法利计算发现，如果不进行对冲，他的投资组合的波动性会更大，但他的平均回报率也会更高。1990～1995 年，他的基金取得了 13.7% 的复合年化收益率，而标准普尔 500 指数的收益率仅为 8.7%。除去买入看跌期权和看涨期权的成本，他的投资回报率将高达 16.6%——几乎是标准普尔指数的两倍。

在加入价值投资者的阵营后，法利发现，"波动性并不等于风险。如果我们没有进行对冲，我们所公布的投资业绩的波动性可能会更大"，但会有更好的业绩表现。[6] 此外，正如彼得·林奇指出的那样，对冲成本可能是高昂的："为了保护自己免于承受 5% ～ 10% 的下跌影响，你可能得花费全部投资资本的 5% ～ 10% 进行对冲。"在大多数情况下，对于个人投资者而言，这些对冲技术所要花费的成本要高于其创造的价值。[7]

私人基金经理人和个人投资者需要重新考虑这种做法，而个人投资者应该完全摒弃对冲策略。对于典型的投资者来说，在购买实际证券时仅仅建立一个安全边际就足够了，然后可以通过将代表许多不同行业的、价格合理的证券放入到投资组合中来实现分散化。

然而，对养老基金和其他大量资金负有受托责任的投资经理，则可能要非常明智地继续选择使用对冲工具，以防范异常的市场行为和极端的价格下跌风险。由于他们可能随时被要求向投资者返还资金，因此其所管理的资金需要有高度的流动性，他们也要保持特别谨慎的态度。

对于这种情况，格雷厄姆和多德再次给出了明智的建议。他们说，对冲是正常投资概念的延伸，它需要知识、技巧和纪律。

期货、期权和衍生产品

正如前面所提到的，通过科学化管理风险来获得更高回报的欲望，导致了期货市场的大规模扩张。许多不寻常、神秘的衍生品及其他策略被用作对冲工具，这给加利福尼亚州奥兰治县和其他地方的纳税人带来了痛苦。

彼得·L.伯恩斯坦在为《金融分析师杂志》撰写的一篇文章中指出："在一个变化莫测的世界里，风险似乎不像大多数投资者所认为的那样容易衡量。"他说，这就是为什么一些旧的风险防范措施都失效了："对新型风险管理工具的爆炸性需求正在形成，但我担心，其中一些工具最终可能会使市场的风险不降反升。"[8]

少数拥有异常敏锐洞察力的投资者很早就预料到了衍生品的问题。"巴菲特认为，股票期货和期权交易应当被立法禁止，我同意他的观点。"彼得·林奇说。[9]

巴菲特这样表达自己的观点："衍生品交易合约只是两个人之间的一张小纸片，它会导致其中一个人在合约期限结束时做出非常痛苦的事情——他得给另一个人开支票。必须要确定的是，那个人愿意并且有能力开支票。"

巴菲特建议，与衍生品交易打交道的最佳方式是，要求每位公司CEO在公司年度报告中确认，他了解公司所签订的每一份衍生品合约。

风险与回报

投资者一而再，再而三地被告知，当一项投资涉及更大的风险时，他们应该有相应的更高的潜在回报。在某些情况下，风险和回报之间的权衡是可以仔细计算出来的。例如，风险投资家就会巧妙地设计交易结构，以充分地反映风险。

对于传统投资者来说，格雷厄姆认为最大的风险在于他们没有足够的时间、正确的态度或准确的信息来做出投资决策。尽管具备这些要素并不能消除风险，但确实可以减轻风险：

> 究其本质，投资并不是一门精确的科学。法律和医学亦是如此，因为在这两个领域中，个人技能（技巧）和机会都是决定成败的重要因素。而在这些专业领域中，分析活动不仅是有用的，而且是必不可少的。因此，投资领域或许也是如此，甚至投机领域也是一样的。[11]

为什么赌场老板不谈论统计学

一些愤世嫉俗的人，由于曾经在投资活动中亏过钱，就认为投资和赌博是一码事。实际上，这两者是不同的，不过，投资、投机和赌博这三个术语可以放在一个滑动的风险标尺上。投资处于最底层，因为它需要最大程度的知识和分析，并且风险最小。接下来是投机。虽然投机决策也需要一定程度的知识和专业技能，但投机者也明白其中的不确定性非常大，在很大程度上他们就是在赌机会。此外，他们知道亏损的可能性高于平均水平。另外，赌博则完全取决于随机的结果。

赌徒们赌的是概率，但除非他们是赌场的主人，否则概率总是对他们不利。

概率用来确定有利的机会与不利的机会相比有什么优势，这些机会可以用数学方法表示出来。例如，将一枚硬币抛向空中，它落下后出现正面或反面的概率是相等的。

骰子就更加复杂了。如果你打赌骰子点数为 6，出现 6 的可能性为 1/6，出现另外 5 个数字的可能性为 5/6，那么点数为 6 的概率就是 1/6。

赌徒们有时相信"平均法则"最终会扭转局势，让他们获益。虽然名字是这样，但平均法则可不是什么法则：它只是指可能发生的事，而不是将要发生的事。

同样地，赌徒们有时也会被"机会成熟论"所迷惑，从而遭受巨额亏损。这种观点认为，由于某个事件（宾果卡上的某个数字或骰子的某种点数组合）一直没有出现，那它们一定很快就会出现。赌徒们没有意识到的是，每一个偶然事件都是独立事件，它与之前或之后的事件没有任何关系。"概率"只适用于掷硬币、掷骰子或轮盘赌。它们都是一次性的活动，结果不可累积。

宾果球不会记得 B-3 最近一直没有出现，骰子也不会记得上一次掷出的点数是 2。这是股票与骰子的一个共同特征。巴菲特在警告投资者不要对自己的股票感情用事时解释道：股票不会回报你的忠诚，因为股票不知道它的主人是谁。

不过，去拉斯维加斯输了钱的赌徒们也不用过于郁闷。他们可以把自己的亏损想象成一种税金：他们享用了便宜的自助餐，住过了壮观的梦幻酒店，看过了戏剧性的火山喷泉表演，还游玩了闪闪发光的翡翠城，童心得到了满足。而且，赌徒们缴纳的税费还为成千上万的人提供了就业机会，也给几十人带来了不可思议的财富。

再论投机

虽然实际上每一项投资都有一定程度的风险，但从定义上来说，投机的风险更大。本书展示了各种各样的投机活动。格雷厄姆最严格的定义是，任何基于对市场走势或预测的买入行为，或是为了在比正常商业周期（3～5年）更短的时间内获利而进行的买入行为，都是投机性的。

塞斯·卡拉曼在他的著作《安全边际》中将资产和证券分为两类——投资和投机。虽然这两类在性质上可能相似，但有一个关键的区别：投资会为了所有者的利益而抛出现金，投机则不然。

卡拉曼的定义将艺术品、家具和棒球交易卡等收藏品排除在投资之外。这些收藏品可能产生的唯一回报就是收藏品本身价格的上涨。相比之下，股票价格的上涨是基于盈利的增长。如果一只股票的价格由于预期盈利增加而上涨，一旦盈利增长没有实现，那么其价格的上涨也不会持续。[12]

卡拉曼说黄金是一个例外，因为黄金被认为具有保值功能。格雷厄姆则将黄金归类为投机品，因为他认为黄金已经不再具备保值功能了，现在它只不过是一种独特的贵金属而已。无论投资者同意卡拉曼还是格雷厄姆的观点，他们都可以选择投资金矿公司的股票。金矿股符合价值投资者的标准，因为它们本身具有盈利能力，而且其本身还能增值。

价值投资原则应用于黄金相关股票的唯一问题是，大多数人对黄金具有根深蒂固的情感认知，这使得他们难以客观地进行投资。与黄金相关的投资也是最常见的欺诈和人为操纵手段之一，并且已经持续了数百年。

价值投资者的目标是根据事实做出投资决策，而不是根据个人的主观意愿。如果说风险还有一个协变量的话，那就是信息。投资者掌握的信息越可靠，风险敞口就越小。

猜测还是了解

> 随着偶然因素的增加，分析的价值会减少。[13]

格雷厄姆曾说，有一种行为叫作有根据的投机。投机者一定会将分析视为一种附属工具或辅助工具，但其不是投机活动的主要指导原则。它可能有助于增加获胜的机会，但并不能确保成功。格雷厄姆承认，投机者也有风光的时候，但他们冒着将承受巨大打击的风险，一旦失败就会彻底出局。

　　"我的导师格雷厄姆过去常说，'投机既不犯法，也并不违背道德，但它也不会让人发胖（在经济上）'。"巴菲特评论道。[14]

总有新事物

　　让投资者感兴趣的是，每隔几年就会出现一起新的由于投机和过度冒险所造成的金融丑闻。20 世纪 80 年代末的储贷危机及其与得克萨斯州、加利福尼亚州和其他几个州的高杠杆房地产交易的关联，与科罗拉多州化石燃料行业的崩溃及其与 10 年前高杠杆商业房地产交易的关联有很多共同之处。人们被经济利益的幽灵所诱惑，一窝蜂地加入其中。"就像战争一样，投机是一种社会活动。它是由一群人一起进行的。"詹姆斯·格兰特评论道。[15]

　　有时候，新闻故事不过是旧肥皂剧的重播。以金字塔骗局为例，它起源于公用事业公司，在 20 世纪 20 年代和 30 年代拖垮了好几家大公司。庞氏骗局源自近百年前的一名投机操纵商人，但如今庞氏骗局仍令无数投资者落入圈套。格雷厄姆和多德评论说：

金融界的记忆是出了名的短暂，这太令人沮丧了。[16]

不愿参与这种戏剧性事件的投资者，应通过以下方式保护自己免受风险：

◎ 避免涉及不了解的产品、计划或投资工具。
◎ 放弃高风险的股票和债券。
◎ 避免使用过高的杠杆。

垃圾股与垃圾债

当留心资产负债表、利润表和其他可量化的因素时，投资者几乎可以在所有情况下避开各种垃圾证券，不管它们的收益率有多高。然而，格雷厄姆告诉我们，如果价格足够低，许多资质平平的证券就会变成不错的价值投资标的。这就像在一个破旧的街区买房子一样。这可能不是一个理想的买卖，但在某个价位它就是一个便宜货：它可能可以创造可靠的租金收入，或者也可以在简单装修后被转手卖出以获得利润。要判断一项有瑕疵的投资是否有足够的潜力值得投资者冒险，以及何时可以行动，这需要知识和经验的积累。在第 9 章中将会有更多关于这方面的讨论。

杠杆

当市场快速上涨并创出新高时，人们很容易忘记引擎可能会突然熄火。对于那些已经过度举债的人来说，这将是一次痛苦的体验。这也正是格雷厄姆在 1929 年股市大崩溃中未能幸免于难的原因。

在股市崩盘的几个月前，格雷厄姆就知道 1929 年的股市已经过热，但他当时相信自己的选股策略是明智的。他对所持有的许多投资做了对冲，但他同时也进行了过多的保证金交易，最终他为此付出了高昂的代价。此后，他再也没有犯过这样的错误。格雷厄姆和他的合伙人杰罗姆·纽曼工作了 5 年（没有任何酬劳），才使他们管理的账户扭亏为盈，他们的客户因此在 20 世纪 30 年代至 50 年代长期稳步攀升的市场中站稳脚跟。

当收到追加保证金通知

虽然经历了惨痛的股市大崩盘，但格雷厄姆对杠杆并不持有教条主义的态度。他清楚，尽管杠杆存在缺陷，但对个人和公司而言，无论是利用借款为投资组合还是为公司增长募资，都是有好处的：

> 显而易见，杠杆本身就带有投机性质，它放大了盈利和损失的可能性。[17]

尽管格雷厄姆不鼓励小型投资者使用保证金交易，但保证金交易并不意味着该项投资是不可取的。投资者必须确信，如果收到了追加保证金通知，选择同意执行是可行的。不过更重要的是，追加保证金不能危及投资组合的其余部分。

市场中有一些保护机制，可防止投资者过度进行融资融券交易。这些机制对哪些证券可以用保证金购买，以及必须存入保证金账户的现金或证券数量，都做出了严格的规定。风险最大的股票——极其便宜的矿业股，在大多数情况下就不能以保证金形式购买，因为没有人能够或愿意借钱给你购买这种股票。

买入股票后看到股价下跌

做出了明智的投资决策，并非就意味着你购买的股票的价格不会暂时低于你的买入价。

作为一个投资者，如果一只股票跌破你的购买价格，你应该如何反应？你是否应该早点进行对冲，或者采取一些保护措施？格雷厄姆认为不用。股价的暂时下跌并不意味着你真的亏钱了。如果其内在价值就是那么多，那价格肯定会再度回升。"如果你对自己的决定信心十足，此时应该买进更多的股票。"查尔斯·布兰德斯鼓励道。

如果投资者相信平均成本法，那么越跌越买就是对这种信念的真正考验。在股价上涨时继续买入很容易，但在股价下跌时继续买入就需要强大的勇气了。

结论

　　价值投资者可能会决定进行一项投机性投资，但绝不可能在没有充分了解所冒风险的情况下就贸然进行。有一种行为叫作聪明投机。

　　风险管理内嵌于价值投资的概念之中。这个概念的三大基石（避免投机、安全边际和分散化投资）为风险管理提供了低成本且易于使用的工具。理解这些概念的投资者，即使在市场先生狂躁不安的时候也能安稳入睡。

······················ **请记住** ······················

◎ "当心，勿抓影子而失去实质，不要舍本逐末。"这句话摘自伊索寓言。投资者对此引申为：抓住实质（投资原则），自然能抓住影子（投资回报）。

◎ 以市场波动率（贝塔值）来度量风险，对价值投资者来说并不重要。高贝塔指数股票的风险不见得比低贝塔指数股票高。

◎ 投资会为了所有者的利益而抛出现金，投机则不然。

◎ 对于个人投资者来说，最好的对冲工具就是明智的决策、安全边际和分散化投资。

◎ 提升运气最好的方法就是停止赌博。开始投资吧。

第 9 章

特殊机遇投资

创新是金融市场的生命力，正统观念本身除了怀旧之外没有任何用处。[1]

——詹姆斯·格兰特

如果没有警惕性，那么价值投资就是空谈。在《证券分析》和《聪明的投资者》中都有大量的"你不应该做"这样的告诫，让投资者们要保持警惕。格雷厄姆教导说，有了信息、实践和经验，保持警惕不仅可以让投资者远离麻烦，它还能提醒投资者们注意"特殊机遇"。简而言之，它使价值投资者能在不增加过度或不必要风险的情况下获得超常的收益。

特殊机遇，或获取不寻常的高投资回报的非传统型机会，是很难被精确定义或描述清楚的，因为从定义上讲，它们是罕见的、不寻常的且具有创造性的，而且在许多情况下，它们的发生是无法预料的。

特殊机遇可能以各种方式出现，不过通常都是一只证券实现其内在价值的某种独特而令人惊讶的方式。有时候，它们是每条既定规则下的"例外"。当投资者发现一个特殊机遇时，这时"你应该做"就会推翻"你不应该做"。

修订规则

格雷厄姆在 1948 年购买 GEICO 的控股权时，违背了他自己的两条原则。

在《聪明的投资者》第 4 版的后记中，格雷厄姆讲述了两位合伙人的故事（我们都很清楚这两位合伙人是谁）。他们违反了自己的投资组合原则，将全部投资资金的很大一部分（占格雷厄姆－纽曼基金的 1/5）投入了一家公司，而且该公司有形资产的价值也远低于他们通常要求的水平。他们之所以这样做是因为这家公司在各个方面看起来都像是一个赢家。
而 GEICO 确实如此：

> 具有讽刺意味的是，这一笔投资所产生的利润
> 总额，远远超过了这两个合伙人过去 20 年在其专业
> 领域中，通过大量的尽调、无休止的思考及数不清
> 的决策创造的利润总和。[2]

格雷厄姆说，这只能说明"在华尔街赚钱的方
式绝不止一种"。[3]

当机会来敲门时，请确认它的身份

特殊机遇，用格雷厄姆的话来说，是一种可能看起来不
寻常、非正统，甚至价值被高估了的情况，但是经过冷静的
评估，你会发现该公司其实具有非常高的内在价值。这是绝
佳的机会，一定不能错过。正如格雷厄姆反复强调的那样，
即使是一项普通的投资，只要价格合适，也能产生巨大的
价值。

GEICO 就是一个特殊机遇，尽管普通投资者可能永远
不会有这种机遇。格雷厄姆-纽曼基金购入其控股权时，
GEICO 是一家私人所有的小公司（完整的 GEICO 发展史详见
附录）。

1995 年，GEICO 再次作为准特殊机遇出现。当时，伯克希尔－哈撒韦公司出价 23 亿美元进一步收购该公司 48% 的股份。人们猜测，巴菲特使用的是将美国广播公司出售给迪士尼公司时赚取的现金。但实际上，并购案中迪士尼是以公司股份作为对价支付给了巴菲特，即巴菲特其实是用自己投资赚来的现金，进一步增持了这个本就在他手中的便宜货。

特殊机遇可能涉及被严重低估的普通股、可转换证券、优先股和认股权证、各种套利交易、公司破产、垃圾债券、首次公开发行股票、业务分拆、私下交易、以及各种复杂、晦涩难解的法律情况。很多时候，仔细思考一个不寻常的业务发展的各个方面，有利可图的机会就会映入眼帘，令人一目了然。

被极其低估的股票

这类证券在前面的章节中已经有所讨论。当被低估的公司股票以极低的价格被卖出时，它们非常具有吸引力，而且如果从表面上看似乎有较高的风险，那么此时它们就成了"特殊机遇"。由于陷入了严重的困境，这种公司的股价通常很低。

在 1940 年版的《证券分析》中，格雷厄姆列出了两份价格极低的特殊机遇公司清单。在该版本出版后的 8 年里，两份清单上的公司股票价格平均上涨了 252%，而标准普尔工业指数的涨幅仅为 33%。

在这些公司中,有许多当时正遭受着大萧条和已在欧洲点燃的世界大战的影响。虽然这些公司当时幸存了下来,但有趣的是,一些公司现在已经不复存在。例如,清单上的Reo、Hudson、Hupp 和 Nash Motors 等公司,它们全部都是汽车制造商。当然,这份清单也包括当时幸存下来并在今天仍蓬勃发展的公司,如 Mack Truck、Diamond Match、Montgomery Ward 和 Wesson Oil 等。

在第 5 章中,我们曾讨论过橡树工业公司,该公司股价在 20 世纪 80 年代末曾一度低于 1 美元,远低于其资产价值。因此,虽然当时该公司的经营方式有些浮躁,但其本身仍然是一笔极具吸引力的好买卖。

磨炼

巴菲特最喜欢的一种特殊机遇就是他称之为"磨炼"的情况。"这些证券的市场价值取决于公司经营情况,而不是由证券买卖双方的供求关系所决定。换句话说,这些证券有时间表,我们可以在合理的误差范围内预测我们什么时候会得到收益,得到多少收益,以及在什么时候可能会翻车。"巴菲特解释道。[4]

并购套利、破产套利,将一家公司剥离成一家独立的公司,甚至将一家上市公司私有化,都可能属于这种具有"磨炼"性质的投资。

可转换证券：上不封顶，下有保底

可转换证券通常是债券，但也有优先股。它们是真实可转换的，因为在其生命周期的某个时点，它们能转换成一定数量的普通股。在市场上涨时，可转换证券的价格趋向于跟随公司普通股价格波动，股性较强。而在市场下跌时，由于可转换债券或可转换优先股的票面利率要高于普通股股利，这使得它们的下跌幅度会小于大盘。

基于此，在市场环境风险处于较高水平时，相较于普通股，专业投资者更倾向于投资可转换证券。当股价处于历史高位时，可转换证券可以让投资者把握住普通股的大部分上涨势头，即便市场出现逆转，其造成的损失也相对较少。因此，投资者选择可转换证券可以获得与购买公司普通股相近的总回报，但面临的风险相对较低。

考虑到这些证券的结构及基于较高收益率水平的"可转换溢价"，将其转化为普通股并不划算。

美国航空公司可转换债券的预测数据如图 9-1 所示。

证券类型	当前收益率	价格 1995/04/27	情景1：股价一年内下跌28%	情景2：股价一年内上涨39%
普通股	0%	68 美元	49 美元（-28%）	95 美元（-39%）
可转换债券	6.26%	98 美元	85 美元（-6.5%）	121 美元（-30%）

图 9-1　美国航空公司可转换债券预测

注：股价潜在走势基于历史波动率预测。

资料来源：*Business Week*, May 15, 1995, p. 148.

优先股

优先股是一种混合型证券。和普通股一样，它代表了公司的所有权，不过它附带一个提前设定好的固定股息率，在普通股股利之前优先分配。即使优先股股利暂停分配，它也会累积起来，在未来分配时仍然优先于普通股股利。出于这个原因，优先股应该被视为一种类似于公司债券的股票，并用公司债券的方式进行估值。

因为投资者购买优先股是为了收益率，所以公司是否有足够的资金来支付承诺的股息是至关重要的。公司的债务应该在可控范围内，同时盈利应该足以支付其债券和优先股的利息（关于债券收益覆盖率在什么水平比较合适，详见本章中关于垃圾债券的部分）。

当优先股是可转换的或附带认股权证时，投资者还必须考虑普通股的内在价值。因为只有当股价上涨时，可转换股票才有利可图，所以价值投资者在对其进行估值时必须考虑公司的盈利状况。一般来说，投资者并不倾向于转股，但当市场发生异常变化时，转股就会成为正确的选择。下一节将有更多关于认股权证的讨论。

巴菲特通过购买优先股的方式对所罗门兄弟公司和美国航空公司都进行了投资，他投资的目的均是获取优先股股息。虽然美国航空公司支付了相当大一部分的优先股股息，但在 1995 年第一季度，伯克希尔公司还是减持了价值 2.685 亿美元的优先股，占其投资总额的 75%。巴菲特解释说，这主要是因为他们意识到美国航空公司投资价值的下降"不是暂时的"。

　　尽管所罗门兄弟公司履行了派息义务，但对这家投资银行所耗费的精力和其带来的担忧远远超出了巴菲特的想象（他不得不从奥马哈市飞过来管理这家纽约投资银行，帮其处理由于违反美国证券交易委员会规定的一点点不当行为所造成的麻烦）。尽管如此，这笔投资还是盈利的。巴菲特在1987年收购了所罗门兄弟公司价值7亿美元的优先股，股息率为9%，从而该公司每年会向伯克希尔－哈撒韦公司的银行账户注入6300万美元。此外，这笔收入还享有巨大的税收优惠，因为公司投资者所得优先股股利的70%是免税的。

　　在1995年10月31日之前，伯克希尔公司可以选择在任何时候，将其持有的所罗门兄弟公司可转换优先股中的1/5部分，以每股38美元的价格转换为普通股，或者由所罗门公司直接以现金赎回。最终，巴菲特选择将这些股票转换为现金，这一举动向投资界表明，要么他对所罗门公司的长期增长前景缺乏信心，要么他认为所罗门公司每股38美元的价格已经被高估了。

认股权证

　　认股权证是一种通常与债券或优先股一起发行的证券。认股权证赋予投资者以指定的价格购买相应数量普通股的权利，这个指定价格一般高于该股票发行时的市场价格。因此，投资者不仅能够获得固定投资收入，还有机会从股价上涨中获益。

认股权证通常被用作特殊融资手段的"甜头"，例如增加固定收益证券的吸引力。在问题公司进行重组或资质较差的公司发行新股时，它们尤其受发行人的青睐。在许多投资者看来，它们似乎是额外的小赠品。

> 认股权证，从名称和形式来看，它们本质上其实和低价股票没有什么区别，都是一种根据企业未来发展而行使的长期买入权。换句话说，权证稀释了所有普通股的价值。投资者在计算一家公司发行在外的股票数量时，必须假定认股权证将会行权。但在考虑附带有认股权证的债券或优先股的价值时，投资者则需将二者分开，不能将其混为一谈。《证券分析》中指出，认股权证可以被看作一种具有投机性的高级证券。[5]

格雷厄姆和多德认为，认股权证是非常危险的投机工具。在评估认股权证时，其理想的品质包括：

◎ 价格低

◎ 期限长

◎ 行权价格或购买价格贴近市场价格

根据保守的经验法则，投资者不应为认股权证支付任何额外费用。如果认股权证被证明确有价值，那就算锦上添花了。

套利是一种本能

20 世纪 90 年代初，苏联解体，一位退休的理发师注意到，她家附近街市上售卖的衣服，比她女儿家附近的莫斯科市场上卖得贵。于是，她从自己的积蓄中取出 2000 卢布，在廉价市场上买了一堆衣服，然后在家附近的市场上以 3000 卢布的价格转手卖掉。在没有接受过任何有关资本主义的外部理念的情况下，她发现了套利的原理。[6]

套利（以一个价格买入一种证券，意图以更高的价格迅速转售）是专业投资者快速赚钱的一种方式。套利行为可以包括企业合并、并购，或者在极端情况下，收购一家公司并直接对其资产进行清算。

"（套利）在概念和执行上都很简单，但践行的机会其实很少。"英国杂志《经济学人》解释说。[7]

清算套利

1915 年，格雷厄姆因为研究出了一个解散古根海姆勘探公司的方案，在华尔街一举成名（当时他只有 21 岁）。他发现了一个典型的清算套利机制。古根海姆是一家控股公司，持有在纽约证券交易所挂牌的好几家铜矿公司的大量股份。格雷厄姆是这样计算该公司资产价值的：

1915 年 9 月 1 日的市场价值（美元）

古根海姆勘探公司股价	68.88
古根海姆持有的证券：	
肯尼科特铜业公司 0.7277 股，每股 52.50 美元 =	38.20
奇诺铜业公司 0.1172 股，每股 46.00 美元 =	5.39
美国冶炼公司 0.0833 股，每股 81.75 美元 =	6.81
雷联合铜业公司 0.185 股，每股 22.88 美元 =	4.23
其他资产 =	21.60
总计 =	76.23

这个简单的计算表明，以每股 68.88 美元的价格购买古根海姆的股票，清算资产所得（每股 76.23 美元）将产生每股 7.35 美元的套利利润。以短短几个月内 10.7% 的利润率来看，这是一笔相当不错的投资。

当然，清算套利也有风险：股东可能不同意解散；标的股票的价格在解散完成之前可能下跌；清算过程中可能有诉讼活动介入。即便如此，格雷厄姆的公司还是同意对古根海姆公司进行清算套利交易，而最终该公司解散的过程正如年轻的格雷厄姆所预期的那样，非常顺利。[8]

并购或合并套利

正是由于价值投资者们购买了被低估的股票，所以他们常常面临着被动参与合并、购并或收购活动的可能性。发起收购要约的掠夺者公司和价值投资者一样，也看到了被低估的资产。收购一家被低估的公司对掠夺者公司而言是一条捷径，使其能以相对较低的价格快速实现原公司资产、销售额或市场份额的增长。

当并购狂潮席卷华尔街时，就像 1995 年夏天那样，市场上有赢家也有输家，而有些赢家仍然会觉得自己是输家，因为他们获得的利益并没有他们所希望的那么多。对于那些仅仅听说了收购要约的传闻，纯粹为了获利而购买股票的套利者来说，他们失望的可能性尤其高。

例如，那些预先押注于价值被低估的美国小型制药公司普强（Upjohn）将被高价抢购的投资者就感到失望了。普强最终与欧洲药品制造商法玛西亚（Pharmacia）进行了合并。这笔交易使两家公司每年可以节省 5 亿美元的成本，并且合并后的公司每股盈利预计将增加 65 美分。

尽管这次合并会增强两家公司的实力，使二者在市场上更具竞争力，但华尔街的投资者们以"普弱"（Downjohn）为代称嘲笑普强公司，并将该交易戏称为"下嫁"。合并套利者们希望能看到激烈的竞争性收购，因为这会推动股价大幅上涨。套利者们并不满足于持有一家盈利前景将大幅改善的公司的股票，他们醉心于比普通盈利增长更快的速度赚钱。

惊喜套餐

最好的特殊机遇交易往往是那些意料之外的交易。凭借

对被低估公司的敏锐的洞察力，投资者可以抢在套利者之前
到达现场。例如，凡是在 IBM 发起高价收购要约之前，就拥
有莲花软件公司（Lotus）股份的人都大赚了一笔。IBM 的收
购价格几乎是莲花软件公司当时股价的两倍。IBM 最初的报
价是每股 60 美元，但在最终达成收购协议之前，报价提高至
每股 64 美元。在发起收购要约时，IBM 刚刚结束了长达 10
年的重组，其自身的股价也跌至历史低点。

莲花软件公司当时也出现了一些暂时陷入困境的症状，
这使其成了一个不错的长期价值投资标的。1994 年，莲花软
件公司在公布其首次亏损之后进行了重组（收购费用达 6800
万美元）。由于管理层判断失误，莲花软件公司未能及时与
Windows 操作系统开展业务竞争，导致收入出现了下滑。此
外，莲花软件公司自己的一些新软件业务表现不佳，也使得
当年的销售受到了影响。莲花软件公司的股价一度从 1994 年
每股最高 86.5 美元跌至 1995 年每股最低 25 美元。

但回顾莲花软件公司的历史业绩，我们可以发现，在过
去的 10 年间，其销售额以每年 30.5% 的速度增长，盈利增长
率也高达 15%。尽管有一些负面消息，但公司的营运资本依
然强劲，流动比率为 2.5，这也是一个非常健康的水平。至于
定性因素方面，莲花软件公司的管理层体现了强有力的领导
能力，使公司在很长一段时间内实现了稳定的增长——考虑
到计算机软件领域本身的发展速度，这算得上相当长的一段
时间。

即使不考虑其成长性，仅使用内在价值公式测算，莲花软件公司也是一个值得购买的标的。1994年，它的每股盈利为1.08美元，预期盈利增长率为16%，平均债券收益率为7.37%。根据式（9-1）进行计算，所得结果见式（9-2）：

$$内在价值 = E（2r+8.5）\times 4.4/Y \qquad （9\text{-}1）$$

$$1.08 \times （2 \times 16+8.5）\times 4.4/7.37 \approx 26.11（美元） \qquad （9\text{-}2）$$

换句话说，当IBM以高于内在价值两倍的价格进行收购要约时，莲花软件公司的股价已经接近了定量测算的内在价值。显然，IBM在确定收购价格时，已将定性因素考虑在内。

IBM与莲花软件公司并购的过程非常复杂，但是原理很简单。如果投资者确定莲花软件公司为价值投资标的，那就购买其股票，然后坐等好戏上演……你将亲眼见证这个全球瞩目的大型并购案。这就是为什么耐心的价值投资者能够享受到卓越的长期利润。

对等合并

当以现金方式收购目标公司股份时，套利利润最容易被评估，而且对价值投资者而言，这种方式的套利利润往往也是最丰厚的。如果投资者进行股票互换或"对等公司合并"，那么就有必要对新公司或合并后的公司进行评估。如果新成立的公司仍然具有良好的价值投资条件，那么投资者可以继续持有它。如果没有（例如，如果这笔交易债务负担过重，或者不能产生规模经济效应，又或者没有通过精简重叠的经营领域来削减成本），那么就落袋为安，将利润装进口袋里，然后迅速进行下一笔价值投资。

择机卖出总是比持有更安全。如果投资者选择抛售，并且动作迅速，则可能获取利润。如果投资者选择持有，收益可能需要一段时间才能兑现，而且前提是这些收益确实能实现。

套利法则

通常，套利交易会以低于拟议收购价格 1% ～ 5% 的价格达成，这表明交易是否能成功，或者可能会持续很长时间，以至于基本面发生变化，或者失去快速获利的机会都存在不确定性。套利者总希望在几个月内就能实现总投资资本 5% 的收益。

好的套利交易需要满足以下条件：

◎ 收购价格出现大幅折扣

◎ 标的公司报价友善

◎ 融资较为容易

◎ 与标的公司的价值相比，收购价格合理

◎ 每年的预期回报率至少为 25% ～ 30%

不太知名的公司更适合进行收购套利，因为竞争相对不那么激烈。在担任投资经理期间，格雷厄姆通过套利获利颇丰。如今，众多套利交易者涌入该领域，使得股价反应得越来越快，并且越来越接近收购价格，从而缩短了建立套利头寸的时间框架。

破产

当好公司碰上倒霉事时，许多公司都会涌向法院提出破产重组申请，以寻求保护。上市公司进入《美国破产法》第11章的破产（重组）程序时，可能会有两种情况发生：

◎ 公司可以不受债权人追讨债务的侵扰，直至其走出困境（如果可能的话）。

◎ 股票价格暴跌，并且债券价格通常会跌破面值。

如果一家公司无法走出第11章所规定的破产程序，那它最终还是会以清算告终，其资产将被变卖。债权人，包括违约债券的持有人将得到清偿，如有剩余，股票才会得到清偿。即使债券已经违约，如果破产清算时有足够的资产来偿还债务，那么债券持有人最终也应该得到清偿。

因此，成功的破产套利需要投资者关注公司的有形资产。能作为特殊机遇投资的破产公司必须具备以下两个条件：

◎ 从资产角度考量，具有巨大的安全边际。

◎ 公司走出破产程序，起死回生的可能性很大。

当资产价值足够高，股票或债券价格足够低的时候，无论该公司是否能得以幸存，投资者都具备一定的安全边际。然而，即使在破产的情况下，这种极端的价值也是罕见的，如果一家公司能够起死回生，那总是最好的。一方面，当公司走向解散时，这个过程似乎看不到尽头。另一方面，如果公司从破产程序中挺了过来，其债务责任将以某种方式履行，股价也将出现戏剧性反弹。

垃圾债券

垃圾债券通常就像是你在旧货市场上能找到的东西一样——价值不好说的陈旧物品。然而，正如善于淘宝的精明购物者所知道的那样，珍宝有可能藏在垃圾堆里。笔者曾经在 1995 年遇到一个人，他在旧货市场上淘到了《证券分析》的第 1 版，他花了 1 美元买下了它。要知道，书籍品相良好的第 1 版《证券分析》，如今售价能超过 1000 美元。但是，对于卖家和大多数不了解情况的购物者来说，这本书不过是一件旧垃圾而已。

从金融术语看，什么是垃圾债券？垃圾债券是低于投资级别的债券。评级机构对这些债券给出的评级为 BB 级或更低。按照公认的安全标准，工业企业的税前利润应该是支出利息的 5 倍，而垃圾债券的税前利润通常只有支出利息的 1.3 倍，甚至通常还不到 1.3 倍。

尽管迈克尔·米尔肯利用垃圾债券，向投资者收取了大量手续费，从而大发横财，也使垃圾债券由此臭名昭著，但确实有一些精明的投资者在这一领域中赚到了钱。

不好意思，违约了

1983 年，华盛顿公共电力供应系统公司（WPPSS）拖欠了价值 22 亿美元的债券，这些债券是为其核电站第四期和第五期项目进行融资而发行的。该违约事件震惊了整个投资界，这家公司也因此被冠上了"哎呀公司"（Whoops）的绰号。当巴菲特在伯克希尔公司 1985 年的年度报告中披露，他购买了价值 1.39 亿美元的华盛顿公共电力供应系统公司第一期至第三期项目的债券时，大半个美国都震惊了。

该公司的债券有什么特殊的吸引力吗？正是由于该公司的违约不良记录，才让巴菲特可以用大幅折价购买这些债券。而且，这些债券对标有相关的资产。伯克希尔公司从这些证券中获得了 16.3% 的免税的当期收益率，即每年 2270 万美元的投资回报。

尽管巴菲特对债券并不感兴趣，但当某些债券表现出特殊的吸引力时，他也不会放过这些机会。20 世纪 70 年代，他以半价购买了濒临倒闭的克莱斯勒公司和宾州中央公司的债券。1989 年和 1990 年，他购买了雷诺兹 – 纳贝斯克公司的垃圾债券。[9]

当因价格极低而考虑购买低评级债券时，投资者首先要考量发行人的存续能力。债券的品质不可能超过发行人的资产和盈利能力。不过，在公司清算时，债券持有人的受偿顺序优先于股东，这可以被视为一个优势。

首次公开发行股票

机构和专业的基金经理有时可以通过参与申购首次公开发行股票（IPO）赚取巨额利润，但个人投资者则很难以发行价买到股票。机构投资者可以提前参与新股配售，而个人投资者则不行（除特殊情况外）。当一只股票大张旗鼓地上市时，只有相对较少的一部分是分配给个人投资者的，即散户投资者。上市后，新股的股价通常会迅速上涨，个人投资者就只能在上涨的趋势中跟随购买。一旦人们对 IPO 的热情消退，股价必然会下跌。

一些簇拥 IPO 的投资者希望在市场对新股热情高涨时，尽早以低价买入股票，然后迅速卖出获利。股票经纪商把这种行为称为"打新"，并且一般都不愿意代理这种业务。他们通常会向那些打新股的客户收取惩罚性的交易佣金。

申购新股作为一种投资方式，其名声并不光彩，这并非毫无根据。研究表明，在通常情况下，如果你申购了一只新股并持有 5 年，你的年均回报率将不到 5%。实际上，打新股的大部分利润都是在股票交易的前 90 天内获得的。显然，尽管股票经纪商不情愿承接这种交易，但一些客户仍想方设法地抓住买进和卖出的最佳时机以获取利润。[10]

从另一个角度看，一些年轻的上市公司的确是理想的长期投资标的。例如，家得宝（Home Depot）在其上市后的

10 年内年均回报率为 32 143%；百视达（Blockbuster Video）上市后的前 8 年，其股价上涨了 9375%；丽诗加邦（Liz Claiborne）的股价则在其上市后的 11 年内增长了 5722%。这些公司在上市之初，就有不错的经营业绩、强劲的基本面及良好的增长前景。[11]

尽管新股上市第一年时其波动性很高，但价值投资者仍应留心那些基本面稳健、前景不错的公司的首次公开发行计划。评估新上市的公司和评估其他任何股票没有什么区别，除了要关注是否有合适的市盈率、负债权益比和其他指标，IPO 投资者还应该：

◎ 审核承销商收取的发行费用。公司的未来收益必须在先支付这些费用后，才能回到公司或股东手中。有些公司的承销费用非常高，以至于新股东在未来多年都难以获得盈利。

◎ 询问公司将如何使用所筹集的资金。例如，如果公司利用这些资金减少债务或扩大业务，投资者则可能会从中受益。

◎ 检查新募集的资金中有多少用于购买原始股东的股份。如果上市只是原始股东套现的一个机会，那么新的投资者应该问问，既然这家公司的前景如此乐观，那原始股东为什么还要抛售他们的股份。

如果投资者发现首次公开募股的公司具有可靠的资质，

而且自己的运气好，能以发行价买入这家公司的话，就再好不过了。按照以往的传统，承销商对上市公司股票的定价将略低于其内在价值，因为他们希望公司能在首次公开发行时筹集尽可能多的资金。但是，如果股票以低价发行，但永远不会上涨的话，投资者则会感觉受到了欺骗。

首次发行的股票之所以难以进行投资其中有一个原因是，如果可能的话，公司会在市场行情好时上市，以筹集尽可能多的资金。牛市中股票价格纷纷创出历史新高，因而被称为"机会之窗"。而当行情转冷时，刚刚公开发行的股票价格则会普遍下跌。

便士股票

投资新手经常将特殊机遇投资与便士股票交易混为一谈。这些价格极低（通常低于 5 美元）的股票通常在场外粉单市场、温哥华（加拿大）证券交易所或一些不知名的外汇交易所内交易。在这些市场中，经常会流传一些小道消息，比如某公司正在推销一种前景乐观且具有重要的社会经济意义的技术，或某公司正在出售一种稀有或高价的商品。

黄金、白银、宝石开采和石油勘探公司等，都是臭名昭著的炒作题材。在温哥华证券交易所中，这类公司尤其泛滥，操纵者的目标在于尽早入市，然后在标的股票价格被人为炒高时迅速退出。这不过是炒作者们自己的游戏，而这也是赌博游戏中最残忍的一种形式。格雷厄姆和多德警告说：

公众最好记住，当某个特定行业筹集资金变得
非常容易时，不公平交易的可能性就会上升，而该
行业过度发展的危险性也会上升。[12]

结论

当评估一项符合"特殊"性质的投资时，投资者需要
做很多额外的工作，并参与更为严格的关键评估过程。当一
项交易听起来太好了，好到不像真的时，那通常表示它不是
真的。然而，幸运的是，特殊机遇确实存在，当它们突然出
现时，一个经验丰富、头脑冷静的投资者会为其中最好的机
会欢庆不已。股票市场正因为这些令人惊讶的事件而具有吸
引力。

"如果投资者认为一只普通股的价值纯粹由经
过相关利率折现并根据边际税率调整后的公司盈利
所决定，那就等同于，他选择性地忘记了人们曾
经焚烧女巫，曾经一时兴起发动战争，曾经相信奥
森·威尔斯在广播中说火星人登陆地球了。"詹姆
斯·格兰特说。[13]

·········· **请记住** ··········

◎ 投资规则写出来是为了供大家研究的，需要根据具体
情况进行调整。"大多数人宁愿死也不愿改变。他们也
确实从未改变。"伯特兰·罗素写道。价值投资者可以
在必要时做出改变。

◎ 留心关于特殊机遇投资的头条新闻。破产、违约和公
司陷入灾难都是大新闻，而且这些事件还为讨价还价
创造了条件。当一家公司的声誉或信用受到损害时，
它必须为新的融资支付溢价。

◎ 认股权证的价值和期权价值一样，都建立在普通股的
代价之上。

◎ 特殊机遇投资必须具有内在价值，其价值应该是显而
易见的。"我们从未想方设法去写公式、套用公式，我
们就依靠自己的头脑。我们希望这个决策足够明显，
连数字计算都不需要。"巴菲特说。[14]

第 10 章

真理会使你富有

价值投资只是标准的经济学而已。对你正在做的事情进行逻辑思考，思考的时候不要带入个人感情，思考什么才是有意义的。[1]

——安德鲁·韦斯

一位因市场未按其预期发展便经常刁难经纪人而出名的投资者，对他的一位朋友说，价值投资就像是眼睁睁地看着草慢慢长高。"也许是吧，"朋友回答，"但我认识的价值投资者是坐在世界上最好的乡村俱乐部里看着草生长出来。"

如果有人进入市场纯粹是为了好玩，那他有很多选择。如果投资者希望以有限的风险积累财富，这也是有可能的。投资者没有必要进行大量的学术研究，阅读一页又一页的图表，或者听从一群吵吵嚷嚷的投资顾问的建议，因为这些人不过是想从你的资金中分一杯羹，而不管你的资金是否获得了可接受的回报。其实个人投资者可以运用价值投资原则成功地管理自己的资金，甚至有可能构建一个持久的、高回报的投资组合。

巴菲特说，许多投资者会发现，价值投资就像那些为了成为牧师而学习多年的人一样，到头来发现他所需要知道的只有十诫而已。

跟着那些做得最好的人去做

那么多采用价值投资理念取得亮眼业绩的投资经理和金融分析师，就是价值投资行之有效的最有说服力的证据。

> "我本以为，任何一个刚开始进入投资领域的人都会关注过去其他人是怎么取得成功的，然后依葫芦画瓢，尝试复制它。但令我感到惊讶的是，很少有人会真正这样做。"巴菲特说。[2]

价值投资的浓缩精华

尽管如此，价值投资还是有一群忠实的信徒，他们相信投资者所要做的就是识别被低估的股票，买入并持有它们，直到它们增值到被高估，然后卖出获利。如果股票持续表现出未来将不断增值的前景，那它就可以无限期地保留在投资组合中。与投机者不同，价值投资者购买股票就如同购买整个业务一样，格雷厄姆建议道：

> 真正的价值投资者会利用投机大众反复出现的过度乐观和过度忧虑情绪来做投资决策。[3]

真正的价值投资者很稀少，但每一代人中总会有一些人找到方向，坚定不移地践行价值投资理念。

　　"我承认，自己是这种方法的皈依者。和许多皈依者一样，我对这种方法深信不疑。"布兰德斯解释道，"我看到了结果，我知道它是有效的，我知道它将为那些遵循其原则的人创造财富。"[4]

越简单越好

虽然格雷厄姆的投资方法已经让他和他的大多数学生都赚到了钱，但他一生都在尝试改进自己的投资技巧，并完善自己的知识。在他 82 岁的时候，他这样总结自己一生的研究：

> 我认为我们可以只需要一些小技巧和简单的原则就能成功（投资）。成功的关键在于，要掌握正确的一般原则，并拥有坚持这些原则的品质。[5]

超越格雷厄姆

计算机。格雷厄姆和多德的投资原理应该很容易适用于计算机选股，这似乎是完全合乎逻辑的。然而，到目前为止，并没有一个投资大师成功地将他们的理念应用到电子媒介上。

本杰明·格雷厄姆对计算机毫无兴趣。尽管沃伦·巴菲特用计算机与远方的朋友打桥牌，但他并不依赖计算机进行投资。这两个人的职业生涯都开始于计算机技术还非常不成熟的时期（格雷厄姆逝世时也是这样）。

虽然计算机不能取代人类做出判断，但如果格雷厄姆出生在一个不同的时代，他很可能会被计算机吸引。许多专业投资者和个人投资者正广泛地将其作为一种投资工具。

格雷厄姆可能会在以下四个方面感到计算机非常管用：

- 搜集公司信息。
- 保存记录——存储特定的股票和投资组合信息。
- 跟踪投资组合表现。
- 处理数字——但这可能只是海妖之歌，蛊惑人心而已。

不知为何，人们很容易相信，只要你输入足够多的数字，一个软件程序就可以做出比你更好的决策。计算机不能做最后的决定，因为它没有办法处理定性因素。不过，计算机是极好的操作程序、储存器和数据提供者。专业投资者可以找到海量的计算机数据库、筛选程序和其他投资产品，这些产品可以专门为他的目标量身定制。这些程序的成本很高，但是对于那些管理着数百万美元的投资者来说，这种复杂的程序通常是值得购买的。

无论是专业投资者还是专注的个人投资者，都能通过场外交易软件、在线经纪商、一般在线服务（如 Prodigy、CompuServe、Genie 和 America OnLine 等）及互联网找到有用的信息，并节省大量的时间。

购买投资软件并将其存储在计算机内存中是有好处的。当你拥有了你所需要的软件，你就不必上网，或者通过调制解调器、电话和某种收费服务来完成你的工作。假设你已经有了一台计算机，那么你的成本就只是软件本身的价格。

但如果你想要查看股票的实时价格，并通过计算机进行交易，或者让计算机持续跟踪投资组合的变化，你就需要通过电话或调制解调器将你的计算机连接到一些外部资源上。你可能会发现在线股票研究服务是有价值的。

这些可以帮助你建立投资组合、跟踪价格波动、买卖股票的计算机程序，可以通过各种知名或不知名的渠道获得。嘉信理财（Charles Schwab）、富达投资（Fidelity Investments）、Quick & Reilly 和其他折扣经纪商已经在这个领域中占据了领先地位，但是新的竞争对手仍在不断涌入该领域。

获取大量投资信息的一种不太复杂的方法是订阅在线服务。大多数在线服务公司都提供类似的服务，虽然它们可能有不同的呈现方式，比如使用不同的配色和图表，采用不同但都吸引眼球的标题等。以美国在线公司（AOL）为例，它提供的服务有广泛的影响力，其中大部分（但不是全部）信息对于专注的投资者而言都是有用的。信息的有效性取决于你的性格和你的投资目标。

美国在线公司及其大多数竞争对手都提供来自线下主流报刊的新闻和专栏文章，其中新闻每小时更新一次。它们还提供各种各样的经济预测和市场预测。共同基金投资者会发现这些预测有许多不同的信息来源，其中一些甚至是由共同基金公司自己提供的。但是，晨星公司（MorningStar）和其他独立的信息服务提供商都是纯在线服务商。它们在金融领域中建立了许多"聊天室"，邀请会员在那里提问和讨论问题。对于价值投资者来说，这些问题和答案通常是琐碎的、平庸的，或者完全是无稽之谈。当参与者提问时，他不知道谁会回答问题，也不知道回答者有什么资格证书。然而，投资者声称，他们经常从聊天室获得有用的信息，有时是从参与讨论的公司员工那里获得的。

衡量一项线上服务是否有用的最好方法是先注册并试用一个月（大多数服务商会在第一个月让你免费试用），在此期间到处浏览、探索和尝试各种功能。

下面是我使用美国在线公司（AOL）服务的方式。我在

AOL 上建立了一个投资组合，并将我的股票列表导入进去。按照屏幕上的指示登录报价和投资组合页面很容易。现在，不论早晚，当我想要查看某只股票的价格变化，或者单只股票及整个投资组合的价值变化时，我所要做的就是登录并调出我的投资组合文件。投资组合的总价值会显示在屏幕上，当下显示的价格是 15 分钟前的价格。每只股票自买入以来的增值幅度也会显示在屏幕上。我可以很快地将整个投资组合的情况下载到我自己的计算机上，这样我在没有登录 AOL 的时候也可以查看它。

当我考虑买卖一只股票时，我会在胡佛公司（Hoover Company Profiles）的网站上查找它的相关资料。胡佛公司的网站会提供该公司的历史沿革、业务简介、高管名单、利润表和资产负债表，以及股票交易历史。总统之选金融公司（PC Financial）则会提供公司年度报告服务。

有时，我查找到的信息会过于陈旧或过于有限，以至于没有什么用。在这种情况下，我使用 AOL 访问互联网，在那里我发现了美国证券交易委员会（SEC）的 Edgar 信息服务系统（电子化数据收集、分析及检索系统）。Edgar 系统允许用户自由访问 SEC 披露的公司报告，而在过去，这些报告得花费大量的金钱和时间才能获取。但不幸的是，只有那些以电子方式归档的公司的报告才可供查阅。截至 1995 年年中，在近 15 000 家上市公司中，只有大约 8500 家以电子方式提交了报告，从而可以让我们在 Edgar 系统上查阅到。不过，目前以电子方式提交报告的公司的数量正迅速增加。规模最大、知名度最高、交易最活跃的公司都会率先以电子方式提交报告，因此找到那些市场最感兴趣的公司的10-K表格、委托声明书或其他文件的可能性很大。

当我完成了对标的公司的研究（并把我想保存的文件下载到我自己的计算机上），我可以通过报价和投资组合服务功能来查看股票价格。同样地，与实际市场价格相比，这会有15分钟的延迟，但对于除了日内交易员以外的投资者来说，已经足够了。

一些经纪公司会提供网上交易账户，一些纯线上交易公司也会提供。总统之选金融网络（PC Financial Network）是最大的服务商之一。CompuServe公司为亿创理财（E*Trade）做宣传，该公司专门为客户提供场外市场交易和纳斯达克市场交易服务。虽然我的折扣经纪商Quick & Reilly可以通过AOL和CompuServe进行网上交易，但我并不使用这个功能，因为如果通过电话进行委托交易的话，该公司的佣金折扣会更大（价值投资者应尽可能地降低成本）。

AOL及其竞争对手提供了许多投资者都会喜欢的另一项服务——测评投资软件，并允许用户在页面上直接下载，仅象征性地收取费用。各种各样的投资软件令人眼花缭乱：计算按揭贷款、摊销的图表程序，用于基本投资组合管理的图表程序，巴菲特股票估值模型，成长股电子表格，用于技术分析的程序等。正如所谓的共享软件经常遇到的问题一样，用户可能会发现它与自己的操作系统不兼容，但当它兼容时，这会是获取程序的一种快捷方式。

像 AOL 和 CompuServe 这样的信息服务商，在那些喜欢使用互联网（进行全球信息大搜罗）的人看来，并不是很好。互联网很有趣，但对投资者来说并不像听起来那么美妙。许多"主页"都是政府机构、公司或经纪商用来推销自己而设立的自我服务网站。每天互联网都充斥着无数的销售宣传广告及各种垃圾信息。例如，我在搜索有关可口可乐的信息时，找到了一个大文件，我满怀热情地下载了它，认为它一定是很重要的东西。但其实这只不过是一个模糊的、带有恶意的、反对可口可乐的图案而已。要知道，当你要按登录的时间付费时，花 10 分钟做了一件毫无意义的事是令人沮丧的。

此外，互联网日益成为充斥股市诈骗犯、炒作商和操纵者的黑社会。例如，曾经从事电话推销的汽车经销商现在开始在互联网上寻找猎物，高科技股和软件股对那些经常上网的电脑迷尤其具有吸引力。他们听说过太多关于 16 岁的软件业百万富翁的故事，这使得他们很容易上当受骗。然而，这种危险还不足以让投资者远离网络。

现在，对投资者来说，互联网上最好的东西就是前面已提到过的美国证券交易委员会的 Edgar 系统。然而，互联网变化得太快了，投资者所能做的就是时不时地"上网冲浪"，以免被信息抛弃。

但请小心，通过计算机进行投资可能会上瘾，并扰乱你的目标。你可能会花很多时间浏览和下载你不想要或不需要的信息。硬件、软件和无穷无尽的计算机小工具可以耗费你的大量资金。每天、每时、每刻地跟踪业绩是令人着迷的，但它也可能会引发焦虑，并导致过度活跃的交易。

网上有太多的东西可以看，也有太多的事情可以做，以至于投资者可能会忽视他们本身的目标——在投资市场上赚钱。

三大基石

格雷厄姆宣扬简单的戒律，任何投资者在投资世界的广阔海洋中航行时，都可以把它当作指引方向的北极星。对于个人投资者来说，由于他们没有捕捉并拍摄流星划过天际的照片的压力，只是希望获得健康和可持续的回报，所以他们尤其能从格雷厄姆的指导中获益。价值投资与其说是一种技术，不如说是一种哲学。它不能用单一的公式或清单来表示。它基于这样一个理念，即投资者在寻找便宜的股票，并且确实有一些方法可以找到它们。格雷厄姆的哲学建立在三大基石之上。

◎ 投资态度。要持有投资者的态度，而非投机者的态度：

我们把投机者定义为一个寻求从市场波动中获

利，而不首先考虑内在价值的人。谨慎的股票投资者则会，只以与基本面匹配的价格购买股票；当市场进入持续上涨的投机阶段时，坚决减少所持有的股票。[6]

格雷厄姆坚持认为，经过培训的投机活动可以在证券市场中占有一席之地，但投机者必须更深入地研究、跟踪投资，并做好亏损的准备：

如果一个人想通过投机赚很多钱，那他一定要有充分的理由相信自己比别人聪明。如果他真的比别人聪明，那他是一个幸运儿。[7]

◎ 安全边际。这是一个模糊但非常重要的概念。"找寻安全边际的过程根本没有什么准确性可言——如果你认为有，那你是在自欺欺人。"巴菲特建议说，"你应该有一个安全边际，但你没必要把它精确到小数点后 3 位。"[8]

◎ 内在价值。"随着时间的推移，你运作资本的方式将对内在价值产生重大影响。内在价值并非当下所有组成部分的简单相加。"巴菲特补充道。[9]

检查点

格雷厄姆在他的著作和演讲中还强调了几个额外的要点，

我们归纳总结如下。有些建议是技术性的，但大部分是鼓励投资者抱有一个正确的投资态度。

◎ 了解公司要价。将公司股价乘以发行在外的普通股股数（未稀释的）。问问自己："如果我买下整个公司，它值这么多钱吗？"将该公司的要价与那些看起来适合购买的公司的要价进行比较。

◎ 不断寻找便宜货。格雷厄姆最出名的是用净流动资产价值（NCAV）规则来判断一家公司与它的市场价格是否匹配。购买那些价格低于净流动资产价值的股票，投资者就买到了便宜货，因为投资者没有为固定资产花费一分钱。研究表明，若投资者在股价跌破每股净流动资产价值后立即买入股票，然后在两年内卖出股票，平均回报率将超过24%。

然而，即使是格雷厄姆也认为，符合净流动资产价值法的股票已经越来越难找到。而当好不容易找到这样的股票时，这种衡量标准又只不过是你做决策的第一步而已：

如果投资者对符合净流动资产价值法的公司的未来有担忧，而这种担忧并非毫无根据，那么他服从自己内心的担忧，将投资目光从这家公司转移到其他的自己不那么担忧恐惧的公司，是完全合乎逻辑的。[10]

如今，格雷厄姆的门徒会通过其他方式寻找隐藏的价值，但他们依然在探索这个问题："这家公司到底值多少钱？"巴菲特进一步改进了格雷厄姆的公式，强调关注企业本身的质量。其他的门徒也会考察公司的经营性现金流量、股息的可靠性和质量等因素。

◎ 使用内在价值公式来验证价值。格雷厄姆设计了一个简单的公式来判断一只股票是否被低估了。只有当一家公司的股票价格接近或低于其内在价值时，才值得购买。尽管价值投资理念的长期践行者表示，拘泥于任何公式都不会产生高回报，但格雷厄姆的内在价值公式已经在各种市场和文献中得到了验证。它考虑了公司的每股盈利（E）、预期盈利增长率（r）和 AAA 级公司债券的当期收益率（Y）。股票的内在价值等于：

$$E(2r+8.5) \times 4.4/Y$$

◎ 一个便携的计算器就足够了。格雷厄姆，一个热爱数学的人，自己也这么说：

在 44 年的华尔街投资经验和研究中，我从来没有见过关于普通股价值或相关投资产品的可靠计算方法，其难度会超过简单的算术或最初等的代数。一旦其涉及了微积分或高等代数，你就可以把它视作一个警告信号，这说明操纵者试图用理论代替经验，通常还会利用投资的外衣来掩盖其投机的实质，造成欺骗性的假象。[11]

◎ 放轻松。要知道，你不可能准确地计算出一只股票或整个股票市场的"内在价值"。安全边际可以让你安心。

◎ 仔细推敲公司的财务数据。推动股价上涨的是公司的未来收益，但投资者必须警惕那些基于当前数据所做出的估计。尽管现在的监管制度比格雷厄姆所处的时期更加严格，但是盈利数据仍然可以被具有创造性的会计所粉饰。投资者在阅读公司文件时，应该特别注意出具保留意见的审计报告、会计政策或估计变更及财务报表附注等。

在对公司未来盈利进行预估时，任何事件，从错误的预期到意外的国际事件，都可能推翻投资者原来的结论。尽管如此，投资者还是要尽可能地做出最佳估计，然后根据结果做出投资决策。

格雷厄姆的分散化投资理论

格雷厄姆的第一条分散化投资规则要求投资者区分股票、债券或债券等价物。无论何时，投资者应该保证至少有25%的资金投资于普通股，以及至少25%的资金投资于有保证回报率的证券。剩下的50%则可以根据股票和债券哪一类能提供最好的回报，在二者之间合理分配。[12]

根据历史经验，当主要股票价格指数（如道琼斯工业平均指数和标准普尔综合指数）的每股盈利低于高资质债券的收益率时，投资者应该退出股市。当这种倒挂关系出现时，投资者的重心应该向债券倾斜。

格雷厄姆的第二条分散化投资规则要求价值投资者在其投资组合中拥有足够多种类的证券，如果有必要的话，每只股票的份额可以相对较少。尽管对巴菲特这样的投资者而言，经过其精心挑选后的重点公司可能不到 12 家，但格雷厄姆通常持有 75 家或更多公司的股票。通常，一个投资组合可以持有 5～30 种不同的股票。股票的质量越高，需要的股票种类就越少。对于个人投资者来说，购买零散股票最经济的方式是参与公司的股息再投资计划（DRP）。

◎ 品质就是保证。投资者通常会犯两个错误：要么永远不会持有可能具有出色表现的低质股票，要么购买估值过高的优质股票。拥有良好的盈利水平、稳定的股息分配历史、较低的负债水平和合理市盈率的公司是投资者的最佳选择。

◎ 重视股息。若一家公司的股息分配历史很长，比如长达 20 年，则表明该公司有实力，且风险很小。成长型股票很少会分配股息。此外，格雷厄姆认为，吝啬的股利政策会在两方面损害投资者的利益——股东不仅被剥夺了投资收益，而且与可比公司相比较，股息较低的公司，其股价也会相对较低：

> 我相信华尔街的经验已经清楚地表明，对待股东最好的方式就是向他们支付公平合理的股息。这个股息是与公司的盈利及通过任何盈利能力或资产测试所衡量出的证券的真实价值相匹配的。[14]

◎ 发出自己的声音。不管国会怎么说，股东都有自己的权利。如果你反对股息政策、高管薪酬方案或并购方案，你可以组织股东进行抗争：

> 我想就"不满的股东"发表一点看法。依我个人拙见，不满意的股东还不够多。华尔街最大的麻烦之一就是，无法将公司中纯粹的闹事者或"罢工追求者"，与拥有合理诉求的、值得管理层和其他股东关注的股东区分开来。[15]

◎ 耐心是有回报的。一个投资者应该关注季度甚至年度业绩来调整投资节奏。一只股票可能需要经历一个完整的商业周期（3～5年）才能实现其全部价值。只有在基本面发生变化或其他因素明确表明股票没有前景时，投资者才应该提前抛售股票。[16]

◎ 做一个逆向投资者，不要随波逐流。格雷厄姆列举了

想要在华尔街成功必须具备的两个要素：正确思考和
独立思考。[17]格雷厄姆就是最好的例子。投资者必须
保持开放的思维，要不断寻找更好的、能确保安全性
和实现最大化增长的投资方法，而且不要停止思考。

临别寄语

专业的价值投资者在他们80岁，甚至90岁时，仍能保
持成功的投资，这并不罕见。四位著名的价值投资大亨分别
是专业的基金经理：罗杰·默里（Roger Murray）、菲利普·卡
雷特（Phil Carret）、欧文·卡恩(Irving Kahn)，以及一位著
名的私人投资者（格雷厄姆曾经的客户）罗伯特·赫尔布伦
（Robert Heilbrunn）。罗杰·默里是《证券分析》第5版的合
著者。1994年，他在哥伦比亚大学的一次价值投资研讨会上
对学生们说："这些年来，我们经历了各种各样的市场。然而，
价值投资仍然是卓有成效、非常实用的准则。"[18]

最后的箴言：享受你的投资体验。买卖证券、打造坚实
的投资组合是令人兴奋且富有挑战性的尝试。随着新故事和
新情况的不断演变，市场也在不断发生变化。投资可以是陪
伴一生的兴趣，如果带着知识和"正确的态度"去投资，它
将会成为你快乐的源泉。

虽然格雷厄姆并不是一个靠运气进行投资的人，但作
为一个和蔼可亲的人，他肯定会祝愿每个投资者都有最好的
运气。

附 录

政府雇员保险公司的传奇故事是"买入并持有"投资者的必修课

1951年的一个星期六，当时身材瘦长、留着平头的巴菲特还在哥伦比亚大学读研究生，他乘坐火车前往政府雇员保险公司的总部。到了之后他围着已经锁着的大楼转了一圈，想找个人聊聊。最后，当终于看到里面有一个大楼管理员时，他敲了敲窗户。管理员告诉这个20岁的年轻人，楼上有个人也许可以回答他的问题。

楼上的那个人是洛里默·戴维森，当时他是美国政府雇员保险公司的总经理，后来成为执行总裁。那个星期六，戴维森花了大半天的时间向年轻的巴菲特传授了保险业的经济学。1995年，巴菲特的公司伯克希尔-哈撒韦集团出价23亿美元，以每股70美元的价格，收购了政府雇员保险公司剩余的49%股份，对其实现了全资控股。

"就我个人而言，我要感谢政府雇员保险公司前CEO洛里默·戴维森。他在44年前让我第一次看到了政府雇员保险公司的潜力。"巴菲特在宣布收购要约的新闻发布会上说。戴维森现在已经 91 岁了。

美国政府雇员保险公司和巴菲特的故事是"霍雷肖·阿尔杰故事"的再现。这两个故事都证明，凭借好创意和不屈不挠的精神仍然可以在美国取得成功。

政府雇员保险公司是巴菲特，这位每年都位列美国富豪排行榜第一或第二的投资家，纳入他所谓的"能力范围"内的第一个标的。巴菲特从来不会投资自己不完全了解的业务。

巴菲特不仅仅只了解保险业，他与政府雇员保险公司的关系也远超出商业层面。1951 年，巴菲特之所以前往政府雇员保险公司总部，是因为他发现自己的投资学教授本杰明·格雷厄姆是该公司的董事。巴菲特需要一只股票作为课堂项目来进行研究，他觉得自己可能会从政府雇员保险公司得到最好的启示，因为格雷厄姆显然对这家公司知之甚多。

巴菲特的导师——格雷厄姆，实际上拥有政府雇员保险公司 48% 的股份，并在 1949 年负责该公司的上市计划。值得一提的是，政府雇员保险公司成为华尔街有史以来最成功的首次公开募股案例之一。从那时起，上市后的政府雇员公司作为原公司和其他几家子公司的控股股东，成了美国最大的汽车保险公司之一。

政府雇员保险公司是在大萧条时期，由得克萨斯州一家保险公司的会计师利奥·古德温创立的。古德温认为，不通过中介机构，直接向低风险的政府员工销售保险，将是一笔赚钱的好生意。1936 年，50 岁的古德温用 10 万美元成立了政府雇员保险公司。沃斯堡的银行家克利夫斯·雷亚作为出资人，投资了 75% 的资金。古德温和他的妻子莉莲每天工作 12 个小时，每月的总收入为 250 美元。第二年，他们将公司搬到了华盛顿，以靠近更大的客户市场。到 1940 年，公司开始实现盈利。

然而在 1948 年，雷亚家族想出售旗下股份，而政府雇员保险公司在华尔街无人问津，一直没有找到新的投资人。直到雷亚家族的代表们拜访了格雷厄姆－纽曼公司，并与格雷厄姆进行了交谈。

格雷厄姆在研究政府雇员保险公司之后，立即意识到了它的价值，尽管该公司确实面临着一些风险。该公司的资产状况并不如他之前所偏好的那么坚实，这是格雷厄姆的顾虑之一。此外，这笔投资所需的资金几乎占据格雷厄姆－纽曼公司近 25% 的资产。要知道，格雷厄姆是一个极端保守主义者，他一生的平均年回报率超过 17%（包括大萧条时期），他从来没有把这么多钱投入某单笔投资中。

沃尔特·施洛斯，当时正在格雷厄姆手下工作，现在已经是一名非常成功的基金经理，他至今仍记得格雷厄姆当时的焦虑。"沃尔特，"格雷厄姆对施洛斯说，"如果这笔投资失败了，我们还是可以将其解散，清算资产，拿回我们的钱。"

格雷厄姆斥资 72 万美元买下了政府雇员保险公司那部分

股份，而巴菲特在 1995 年收购该公司时，这部分股份已经价值 23 亿美元。格雷厄姆的收购引发了一系列戏剧性的事件。最先发生的是，美国证券交易委员会立即要求格雷厄姆 – 纽曼公司取消这笔交易，因为当时一家投资公司持有的保险公司的股份不得超过 10%。

　　然而，卖方表示拒绝回收股份。于是，格雷厄姆与美国证券交易委员会达成了一项协议，根据协议，他将剥离政府雇员保险公司，然后将其股份分发给格雷厄姆 – 纽曼基金的投资者。

　　当政府雇员保险公司在纽约证券交易所上市时，投资者给予了热烈反应。政府雇员保险公司的上市价格为每股 27 美元，然后又进行了几次股票分割。据估计，1948 年至 1972 年期间，该公司的股票涨幅超过了 28 000%。

　　不过，该公司的发展并非一帆风顺。格雷厄姆和他的合伙人杰罗姆·纽曼都是政府雇员保险公司的董事会成员，但在 20 世纪 70 年代初时，他们决定退休。纽曼提名巴菲特接替他在董事会的职位，格雷厄姆则写信给其他董事会成员，表示支持这一推荐。但是，董事会否决了对巴菲特的提名，因为他们觉得可能存在利益冲突。当时，巴菲特正在奥马哈市管理一只基金，而他的基金投资了其他保险公司。后来他曾在格雷厄姆 – 纽曼公司工作，直到公司解散。

　　如果董事会接受了提议，让巴菲特加入，也许后来这家公司就不会经历那么多波折了。1973 年政府雇员保险公司的股票交易价格约为 60 美元，到 1976 年年中时却下跌至 5 美元。那时政府雇员保险公司正处于破产的边缘，利奥和莉莲的儿子，公司当时的经营者，自杀了。

在 1951 年访问政府雇员保险公司后不久，巴菲特就用自己总资产的 60%，购买了该公司价值 7000 美元的股票，然后在股价高点时卖出。1976 年，巴菲特再次投资政府雇员保险公司，以平均每股 3.18 美元的价格购买了 130 万股股票。在接下来的几年里，巴菲特逐渐增加他的持股，直到持股比例达到 51%。

1996 年，对政府雇员保险公司的收购完成后，巴菲特回购了格雷厄姆继承人持有的部分原始股。最近，格雷厄姆的孙子为了筹集上医学院的学费，出售了一些他所继承的股票。今年，格雷厄姆的一个侄孙女发现她拥有一批政府雇员保险公司的股票，这些股票是她祖母赠送给她的，尽管注册的名字拼错了。

至今，巴菲特仍然没有担任政府雇员保险公司董事会中的任何职务。不过，红杉基金的创始人，与巴菲特在哥伦比亚大学一起上格雷厄姆投资课程的其密友兼同学威廉·鲁安，是董事会的成员。投资世界仿佛是一个循环轨道，因为红杉基金也是伯克希尔－哈撒韦公司的主要股东。

保险业务在伯克希尔－哈撒韦公司的成功中扮演着关键的角色。保险业务占伯克希尔公司 213 亿美元资产的 85%。伯克希尔公司通过旗下保险控股公司的投资组合，持有包括政府雇员保险公司、可口可乐公司、吉列公司《华盛顿邮报》公司及巴菲特误打误撞购买的所罗门兄弟公司的股份。其他的一些公司，包括《布法罗新闻报》、内布拉斯加家具城和禧诗糖果等，则是通过保险集团之外的投资组合持有的。

这一切可能意味着，巴菲特对政府雇员保险公司的投资本质上主要是出于情怀——他正在实现年轻时想要拥有这家公司的梦想。他经常说，除了他的父亲，格雷厄姆对他的影响比其他任何人都大。拥有了这家曾经铸就了格雷厄姆最高成就的公司，巴菲特果断地打败了自己的老东家，这是他送给自己的礼物吗？巴菲特很快就要65岁了。

笔者认为，巴菲特的这笔投资不太可能出于心理动机，因为与格雷厄姆竞争，就像与一个不认真玩游戏的人同台竞技。尽管格雷厄姆是一位大师级的投资者，但巴菲特自己也表示，格雷厄姆属于学者型，他对投资的兴趣更多在于知识方面的挑战，而不是贪欲。格雷厄姆和巴菲特的投资似乎都不是被贪欲所驱使的。但不管怎么样，巴菲特其实早在多年前就已经青出于蓝了。

也许巴菲特用伯克希尔公司将美国广播公司出售给迪士尼所赚取的2亿美元，投资于政府雇员保险公司，仅仅是因为这是一笔好买卖。政府雇员保险公司的总资产接近50亿美元，所以巴菲特其实是以略低于其资产价值的价格收购了这家公司。尽管该公司为了剥离房屋财产保险业务（该公司在1994年洛杉矶地震中遭受重创），最近经历了一些重组，但其

股本回报率仍高达 14%。在选择投资标的时，巴菲特说他更
感兴趣的是股本回报率，而不是资产回报率，他更喜欢那些
未来的净资产收益率看起来比今天要高的公司。

巴菲特购买政府雇员保险公司的剩余股份可能还有另外
一个动机。也许是出于对投资界其他同行的好意，他将自己
的投资限制在他已经控制了的公司范围内。在 1995 年的伯
克希尔公司年会上，巴菲特解释了公司庞大利润再投资的困
难。自 1965 年以来，伯克希尔公司股东权益的年均回报率高
达 23%。

"如果我们保持同样的速度增长，并假设我们不分配股息，
那我们在未来某个时期将赶上全国 GDP，而这个时间不会太
长。"巴菲特表示。

本附录由珍妮特·洛撰写

初版于 1995 年 9 月在奈特 – 里德财经新闻上发表

尾　注

第1章

1. 沃伦·巴菲特在1995年伯克希尔－哈撒韦公司年会上的讲话。

2. "三种选择股票的简单方法"，1975年格雷厄姆的一次演讲。

3. James Grant, *Minding Mr. Market: Ten Years on Wall Street with Grant's Interest Rate Observer* (New York: Farrar Straus Giroux, 1993), p. 281. Copyright © 1993 by James Grant. Reprinted by permission of Farrar, Straus, & Giroux, Inc.

4. Ibid., p. 283.

5. Andrew Bary, *Barron's*, March 13, 1995, p. 28.

6. Warren Buffett, "Benjamin Graham," *Financial Analysts Journal*, November–December 1976.

7. Benjamin Graham, *The Intelligent Investor* (New York: Harper & Row, 1949), pp. 204–205. Reprinted by permission of HarperCollins Publishers, Inc.

8. John Train, *The Money Masters* (New York: Harper & Row, 1985), p. 228.

9. Benjamin Graham, "Renaissance of Value," *Barron's*, September 23, 1974. Reprinted by permission of Dow Jones & Company, Inc. All rights reserved worldwide.

10. Berkshire Hathaway 1994 annual report, p. 5. Copyrighted material is reproduced with the permission of Warren Buffett.

11. George W. Bishop, Jr., *Charles H. Dow and the Dow Theory* (New York: Appleton-Century-Crofts, 1960), p. 121.

12. Benjamin Graham and David Dodd, *Security Analysis* (New York: McGraw Hill, 1940), p. 343. Reproduced with the permission of The McGraw-Hill Companies.

13. Bishop, op. cit., p. 120.

14. Graham and Dodd, op. cit., p. 19.

15. Berkshire Hathaway 1994 annual report, p. 6. Copyrighted material is reproduced with the permission of Warren Buffett.

16. Ibid., p. 10. Copyrighted material is reproduced with the permission of Warren Buffett.

17 Terence P. Paré, "Yes, You Can Beat the Market," *Fortune*, April 3, 1995, p. 69.

18. Peter Lynch, *One Up on Wall Street* (New York: Penguin Books, 1989), p. 156.

第 2 章

1. Benjamin Graham and David Dodd, *Security Analysis* (New York: McGraw-Hill, 1940), pp. 20–21. Reproduced with the permission of The McGraw-Hill Companies.

2. Ibid.

3. Ibid., p. 24.

4. Martin Capital Management newsletter, June 1995.

5. Graham and Dodd, op. cit., pp. 432–433.

6. Terence P. Paré, "Yes, You Can Beat the Market," *Fortune*, April 3, 1995, p. 70.

7. Andrew Bary, "The Last Disciple," *Barron's*, March 13, 1995, p. 28.

8. Benjamin Graham, *The Intelligent Investor* (New York: Harper & Brothers, 1954), p. 249. Reprinted by permission of HarperCollins Publishers, Inc.

9. Graham and Dodd, op. cit., p. 402.

10. Benjamin Graham and Charles McGolrick, *The Interpretation of Financial Statements* (New York: Harper & Brothers, 1937), p. 20.

11. John Downes and Jordan Elliot Goodman, *Dictionary of Finance and Investment Terms* (New York: Barron's Educational Series, 1991), pp. 30–31.

12. Peter Lynch, *One Up on Wall Street* (New York: Penguin Books, 1989), p. 115.

13. Warren Buffett, 1994 Berkshire Hathaway letters to shareholders, p. 68. Copyrighted material is reproduced with the permission of Warren Buffett.

14. Graham and Dodd, op. cit., p. 577.

15. 沃伦·巴菲特在 1995 年伯克希尔－哈撒韦公司年会上的讲话。

16. John Dorfman, "Heard on the Street," *The Wall Street Journal*, December 7, 1994, p. C-2.

17. Graham and Dodd, op. cit., pp. 576–577.

18. Ibid., p. 577.

19. Lynch, op. cit., p. 235.

20. Graham and Dodd, op. cit., p. 543.

21. 沃伦·巴菲特在 1987 年伯克希尔－哈撒韦公司年会上的讲话。

22. Graham and Dodd, op. cit., p. 590.

23. James Grant, *Minding Mr. Market* (New York: Farrar Straus Giroux, 1993), p. 251. Reprinted by permission of Farrar, Straus & Giroux, Inc.

24. Graham and Dodd, op. cit., p. 579.

25. Ibid., p. 583.

26. Ibid.

27. Ibid., p. 375.

28. Benjamin Graham, *Current Problems in Security Analysis* (Transcripts of Lectures, September 1946–February 1947), p. 128.

29. George W. Bishop, Jr., *Charles H. Dow and the Dow Theory* (New York: Appleton-Century-Crofts, 1960), p. 52.

第 3 章

1. Peter Lynch, *One Up on Wall Street* (New York: Penguin Books, 1989),

p. 218.

2. Benjamin Graham and David Dodd, *Security Analysis* (New York: McGraw-Hill, 1940), p. 608. Reproduced with the permission of The McGraw-Hill Companies.

3. 查理·芒格在 1995 年伯克希尔-哈撒韦公司年会上的讲话。

4. Lynch, op. cit., p. 220.

5. Charles Brandes, *Value Investing Today* (Homewood, IL: Dow Jones-Irwin, 1989), p. 79.

6. Benjamin Graham, *The Intelligent Investor* (New York: Harper & Row, 1973), p. 178. Reprinted by permission of HarperCollins Publishers, Inc.

7. Benjamin Graham, quoted in *Financial Analysts Journal*, September–October, 1976.

8. Statement to author, January 1995.

9. Graham and Dodd, op. cit., p. 531.

10. Ibid., p. 532.

11. Ibid., p. 561.

12. Ibid., p. 510.

13. Ibid., p. 41.

14. Comments at 1995 Berkshire Hathaway annual meeting.

15. Lynch, op. cit., p. 169.

16. Frank Lalli, "Wise Words and What to Buy, When to Sell," *Money*, June 1994, p. 7.

17. Graham and Dodd, op. cit., p. 364.

18. Ibid, p. 686.

19. Lynch, op. cit., p. 152.

20. Irving Kahn and Robert D. Milne, *Benjamin Graham: The Father of Financial Analysis* (Charlottesville, VA: Financial Analysts Research Foundation, 1977), p. 37.

21. Comments at 1995 Berkshire Hathaway annual meeting.

22. Graham and Dodd, op. cit., p. 508.

第 4 章

1. Benjamin Graham and David Dodd, *Security Analysis* (New York: McGraw-Hill, 1940), p. 609. Reproduced with the permission of The McGraw-Hill Companies.

2. Ibid., p. 597.

3. 沃伦·巴菲特在 1995 年伯克希尔 – 哈撒韦公司年会上的讲话。

4. Ibid.

5. Ibid.

6. Charles Brandes, *Value Investing Today* (Homewood, IL: Dow Jones-Irwin, 1989), p. 41.

7. 1994 Berkshire Hathaway annual report to shareholders, p. 2. Copyrighted material is reproduced with the permission of Warren Buffett.

8. Brandes, op. cit., p. 40.

9. Graham and Dodd, op. cit., p. 40.

10. Brandes, op. cit., p. 81.

11. Benjamin Graham, *The Intelligent Investor* (New York: Harper & Row, 1949), p.110. Reprinted by permission of HarperCollins Publishers, Inc.

12. Graham and Dodd, op. cit., p. 601.

13. Brandes, op. cit., p. 31.

14. Andrew Bary, *Barron's*, March 13, 1995.

15. Graham and Dodd, op. cit., p. 594.

16. Ibid.

17. Ibid., Ch. 44, p. 12.

第 5 章

1. Benjamin Graham, *The Intelligent Investor* (New York: Harper & Row, 1973), p. 40. Reprinted by permission of HarperCollins Publishers, Inc.

2. Warren Buffett, message to Buffett Limited Partnership, 1965.

3. 沃伦·巴菲特，1965 年巴菲特有限合伙公司致股东的信。

4. National Association of Investment Corporations Investors Manual, Royal Oak, MI, 1989, p.16.

5. Graham, op. cit., p.106. Reprinted by permission of HarperCollins Publishers, Inc.

6. Frank Lalli, "The Money Men," *Forbes*, January 1, 1972, p. 89.

7. 沃伦·巴菲特在 1995 年伯克希尔 – 哈撒韦公司年会上的讲话。

8. Graham, op. cit., p. 54. Reprinted by permission of HarperCollins Publishers, Inc.

9. Benjamin Graham, "The Simplest Way to Select Bargain Stocks," Special Report, *Medical Economics*, September 20, 1976.

10. Charles H. Brandes, *Value Investing Today* (Homewood, IL: Dow Jones-Irwin, 1989), p. 132.

11. 沃伦·巴菲特在 1995 年伯克希尔 – 哈撒韦公司年会上的讲话。

12. Brandes International Fund Prospectus, San Diego, 1995.

13. Graham, *Medical Economics.*

14. 沃伦·巴菲特在 1994 年伯克希尔 – 哈撒韦公司年会上的讲话。

15. Benjamin Graham and David Dodd, *Security Analysis* (New York: McGraw-Hill, 1940), p. 681. Reprinted by permission of The McGraw-Hill Companies.

16. Janet Lowe, *Benjamin Graham on Value Investing* (Chicago: Dearborn Financial Publishing, 1994), p. 175.

17. Bishop, op. cit., p. 48.

18. Warren Buffett, Berkshire Hathaway 1994 annual report, p. 6. Copyrighted material is reproduced with the permission of Warren Buffett.

第 6 章

1. 1993 年，对玛乔丽·格雷厄姆·贾尼斯的一次采访。

2. Catherine Davidson, "Graham and Dodd's *Security Analysis: The Fifth Edition*," *Hermes*, Fall 1987.

3. Benjamin Graham and David Dodd, *Security Analysis* (New York: McGraw-Hill, 1940), p. 557. Reprinted by permission of The McGraw-Hill Companies.

4. Ibid.

5. Davidson, op. cit., p. 30.

6. Graham and Dodd, op. cit., p. 369.

7. Janet Lowe, *Benjamin Graham on Value Investing* (Chicago: Dearborn Financial Publishing, 1994), p. 218.

8. Warren Buffett, letter to partners, October 9, 1967. Copyrighted material is reproduced with the permission of Warren Buffett.

9. Graham and Dodd, op. cit., p. 36.

10. Ibid., p. 691.

11. David Dreman, "An Inefficient Hypothesis," *Forbes*, April 26, 1993, p. 402. Reprinted by permission of *Forbes* Magazine © Forbes Inc., 1994.

12. 沃伦·巴菲特在1995年伯克希尔-哈撒韦公司年会上的讲话。

13. Charles Brandes, *Value Investing Today* (Homewood, IL: Dow Jones-Irwin, 1989), p. 39.

14. Peter Lynch, *One Up on Wall Street* (New York: Penguin Books, 1989), p. 136.

15. Ibid., p. 139.

16. Benjamin Graham, *The Intelligent Investor* (New York: Harper & Row, 1973), pp. 183–200. Reprinted by permission of HarperCollins Publishers, Inc.

17. "三种选择股票的简单方法",1975年格雷厄姆的一次演讲。

18. Ibid.

19. Arthur H. Medalic, *Value Line*, May 26, 1995.

20. Graham and Dodd, op. cit., p. 594.

21. Benjamin Graham, "Current Problems in Security Analysis" (Transcripts of Lectures, September 1946–February 1947), p. 146.

22. Brandes, op. cit., p. 32.

23. Graham and Dodd, op. cit., p. 720.

24. Ibid., p. 555.

第 7 章

1. 1987 年红杉基金第三季度报告。

2. Sequoia Fund 1987 third quarter report.

3. Berkshire Hathaway letters to shareholders, 1989–1990, p. 6.

4. Ibid.

5. Benjamin Graham, *The Intelligent Investor* (New York: Harper & Brothers, 1954), p. 109. Reprinted by permission of HarperCollins Publishers, Inc.

6. Graham and Dodd, *Security Analysis* (New York: McGraw-Hill, 1940), p. 25. Reprinted by permission of The McGraw-Hill Companies.

7. Ibid., p. 720.

8. Graham, op. cit., p. 97.

9. George W. Bishop, Jr., *Charles Dow and the Dow theory* (New York: Appleton-Century-Crofts, 1960), p. 60.

10. Ibid., p. 106.

11. Ibid., p. 138.

12. John R. Graham, University of Utah, Salt Lake City and Campbell R. Harvey, Duke University, Durham, NC.

13. John Train, *The Money Masters* (New York: Harper & Row, 1985), p. 85.

14. Benjamin Graham, "Inflated Treasuries and Deflated Stockholders," *Forbes,* June 1, 1932, p. 10.

15. Benjamin Graham, "Renaissance of Value," *Barron's,* September 23, 1974. Reprinted by permission of Dow Jones & Company, Inc. All rights reserved worldwide.

16. Seth Klarman, *Margin of Safety* (New York: Harper Business, 1991), p. xix.

17. Charles Brandes, *Value Investing Today* (Homewood, IL: Dow Jones-Irwin, 1989), p. 100.

18. Graham, *Intelligent Investor*, p. 369. Reprinted by permission of Harper-

Collins Publishers, Inc.

19. Ibid., p. 13. Reprinted by permission of HarperCollins Publishers, Inc.

20. Graham and Dodd, op. cit., p. 27.

21. Graham and Dodd, op. cit., p. 25.

22. Klarman, op. cit., p. 11.

第 8 章

1. Benjamin Graham, *The Intelligent Investor* (New York: Harper & Row, 1973), p. 98. Reprinted by permission of HarperCollins Publishers, Inc.

2. David Dreman, "An Inefficient Hypothesis," *Forbes*, April 26, 1993, p. 402.

3. Ibid.

4. David Dreman, "An Inefficient Hypothesis," *Forbes*, March 3, 1994, p. 146.

5. Charles Brandes, *Value Investing Today* (Homewood, IL: Dow Jones-Irwin, 1989), p. 79.

6. Roger Lowenstein, "Where's the Reward in Hedging Against Risk?" *The Wall Street Journal*, April 27, 1995, p. C1.

7. Peter Lynch, *One Up on Wall Street* (New York: Penguin Books, 1989), p. 280.

8. Peter L. Bernstein, "Risk as a History of Ideas," *Financial Analysts Journal*, January–February 1995.

9. Lynch, op. cit., p. 280.

10. 沃伦·巴菲特在 1995 年伯克希尔 – 哈撒韦公司年会上的讲话。

11. Benjamin Graham and David Dodd, *Security Analysis* (New York: McGraw-Hill, 1940), p. 17.

12. Seth A. Klarman, *Margin of Safety: Risk-Averse Value Investing Strategies for the Thoughtful Investor* (New York: Harper Business, 1991), p. 8.

13. Graham and Dodd, op. cit., p. 29.

14. 沃伦·巴菲特，1968 年伯克希尔 – 哈撒韦公司致股东的信。

15. James Grant, *Minding Mr. Market* (New York: Farrar Straus Giroux, 1993), p. xiv. Reprinted by permission of Farrar, Straus & Giroux, Inc.

16. Graham and Dodd, op. cit., p. 661.

17. Ibid., p. x.

第 9 章

1. James Grant, *Minding Mr. Market* (New York: Farrar Straus Giroux, 1993), p. xv. Reprinted by permission of Farrar, Straus & Giroux, Inc.

2. Benjamin Graham, *The Intelligent Investor* (New York: Harper & Row, 1975), p. 289. Reprinted by permission of HarperCollins Publishers, Inc.

3. Ibid. Reprinted by permission of HarperCollins Publishers, Inc.

4. 沃伦·巴菲特, 1963 年巴菲特有限合伙公司致股东的信。

5. Benjamin Graham and David Dodd, *Security Analysis* (New York: McGraw-Hill, 1940), p. x.

6. "Efficiency and After," *The Economist*, October 9, 1993, p. 4.

7. Ibid.

8. Irving Kahn and Robert D. Milne, *Benjamin Graham: The Father of Financial Analysis* (Charlottesville, VA: Financial Analysts Research Association, 1977).

9. Andrew Kilpatrick, *Of Permanent Value* (Birmingham, AL: AKPE, 1994), pp. 288–289.

10. "Beware the IPO Market," *Business Week*, April 4, 1994.

11. Peter Lynch, "IPOs Explained," *Worth*, February 16, 1993.

12. Graham and Dodd, op. cit., p. 657.

13. Grant, op. cit., p. xiv. Reprinted by permission of Farrar, Straus & Giroux, Inc.

14. 沃伦·巴菲特在 1995 年伯克希尔－哈撒韦公司年会上的讲话。

第 10 章

1. Andrew Weiss, "The Guru of Value Investing Takes a Long View," *Hermes*, Fall 1994, p. 17.

2. 沃伦·巴菲特在1995年伯克希尔－哈撒韦公司年会上的讲话。

3. Irving Kahn and Robert D. Milne, *Benjamin Graham: The Father of Financial Analysis* (Charlottesville, VA: Financial Analysts Research Foundation, 1976).

4. Charles Brandes, *Value Investing Today* (Homewood, IL: Dow Jones-Irwin, 1989) p. 1.

5. Kahn and Milne, op. cit., p. 37.

6. Extracted from Hearings Before the Committee on Banking and Currency, U.S. Senate, 84th Congress, U.S. Government Printing Office, March 11, 1955, p. 546.

7. Frank Lalli, "Wise Words on What to Buy, When to Sell," *Money*, June 1994, p. 7.

8. 沃伦·巴菲特在1995年伯克希尔－哈撒韦公司年会上的讲话。

9. Ibid.

10. Benjamin Graham, "Current Problems in Security Analysis" Transcripts of Lectures, September 1946–February 1947, p. 48.

11. Benjamin Graham, "The New Speculation in Common Stocks," *The Analysts Journal*, June 1958, pp. 17–21.

12. Frank Lalli, "The Money Men," *Forbes*, January 1, 1972, p. 89.

13. Graham, "Current Problems in Security Analysis," p. 96.

14. Ibid., p. 128.

15. Ibid., p. 102.

16. "The Simplest Way to Select Bargain Stocks," Special Report, *Medical Economics*, September 20, 1976.

17. Kahn and Milne, op. cit., p. 41.

18. Weiss, op. cit.

术　语　表

American depositary receipt（ADR）　美国存托凭证　一种美国公民买卖国外公开上市公司股票或债券的方式。该凭证表明，外国公司的股票存托于美国银行机构，或由其所控制。银行作为交易代理人，代表凭证持有人收取股息。

asset allocation　资产配置　将投资基金分配给特定类别的证券的行为——公用事业股票、美国工业股票、外国股票、债券等。研究表明，如果投资者能够预见某一特定时期的最佳证券类别，那么其投资回报率会显著提高。

balance sheet　资产负债表　反映公司在某一特定日期的资产、负债和所有者权益情况的财务报表。

bear market　熊市　根据股票市场的说法，熊和熊相遇时会转身逃走，虽然某些国家公园的参观者可能会反对这种说法。熊市其实就是指下跌的市场。

book value　账面价值　等于总资产减去无形资产，减去负债，再减去求偿权优先于普通股的股票价值。每股账面价值，则等于账面价值除以发行在外的普通股股数。

bull market　牛市　公牛会有闯劲地往前冲，牛市亦是如此。牛市指正在上涨的市场。

business cycle　商业周期波动　股票市场或股票种类的变动，都是可预测的商业周期的运行结果。例如，有既定的汽车购买周期、小家电购买周期和耐用品购买周期。这些周期会对股票价格产生深远的影响。

call **看涨** 在技术上称为看涨期权，其赋予买方以特定价格（固定价格）购买特定数量股票的权利。它与看跌期权相反。

capital gain（loss） **资本利得（损失）** 出售资本产生的利润或损失。短期资本利得是在 6 个月内实现的。这种收益的税率低于正常收入的税率。

capitalization **资本总额** 一家公司发行的各种有价证券的总价值。

cash **现金** 在公司会计中，这类资产包括现金、有价证券和任何暂时用来充当现金的资产。

cashflow **营业现金流量** 公司的净利润（税后）加上折旧、损耗、摊销和其他费用等已计提的金额。

common stock **普通股** 一家公司的所有权单位。普通股的股息在优先股之后分配。在公司清算时，它们对资产的求偿权也在所有其他类型的股票之后。

confirmation of Dow Jones signals **道琼斯信号的确认** 当道琼斯工业平均指数或运输业平均指数创下新的高点或低点时，另一个平均指数必须是同样的趋势，投资者才可以确认某一趋势的形成，它们才会指明一个有意义的趋势。这两个指数都可能是领先指标。

contrarian **逆向投资者** 与大多数投资者采取相反策略的投资者。逆向投资者认为，如果每个人都相信会发生什么事，那么这件事就不会发生。这是因为，当人们相信一个事件时（比如道琼斯工业平均指数即将暴跌），他们就会采取纠正措施，防止实际事件的发生。当人们相信一只股票会上涨，他们就会买入这只股票，从而推高股价。逆向投资者认为，通过观察那些其他人忽视的证券，在它们的价格上涨之前买入，是有利可图的。

current asset　流动资产　现金及一年内可以转换成现金的资产。

current liability　流动负债　一年内必须偿还的债务。

current ratio　流动比率　流动资产除以流动负债的比值。虽然不同行业的要求各不相同，但大多数证券分析师都希望公司的流动资产比率至少是 2∶1，即流动资产是流动负债的两倍。

derivatives　衍生品　一种价值取决于债券、货币、商品等基础资产的表现的金融工具。期货和期权是最常见的衍生品形式。更特别的一些衍生品有引人注目的名字，比如反向浮动利率、互换、利率上限和利率双限等。

dilution　股权稀释　通过发行低于市场价格的额外普通股，减少了普通股股东的权益。

diversification　分散化投资　通过购买不同行业的不同股票，或通过购买债券、政府债券、货币市场基金等类似产品来分散投资风险。

dividend　股息　向股东分配的公司收益。除了某些特定类别的股票，股息并不是强制分配的，而且普通股股利也可以有所不同。股息总额每年由董事会决定。在大多数情况下，股息是以现金支付的，但也可以以额外的股票、票据、公司产品或非现金资产的形式支付。

dividend rate　股利率　每股股票支付的年度股息金额。

dividend yield　股息收益率　股息与股票价格之间的比率。若一只股票售价为每股 100 美元，公司支付 5 美元的股息，则其股息收益率为 5%。股息收益率有时也称为股息率或股息回报率。

dollar cost averaging　平均成本法　每个月购买一定金额的股票，而不管价格如何。通过这种方式，投资者会在股价低时购买更多的股票，在股价高时购买更少的股票。由于不存在以过高的价格购买过多股票的风险，买家支付的价格将低于股票的平均价格。

double bottom　**双底**　一只股票下跌，达到一个周期性的低点，反弹，然后再次下跌至或接近之前的低点。如果第二次价格的下跌在接近但不低于第一个低点的附近停止，查尔斯·道指出，其随后的价格反弹很可能是一个剧烈涨幅的开始。

double top　**双顶**　当股票上涨时，价格可能会突然出现反转。如果它再次上升到它以前的高点（或非常接近）并再次下跌，这就表示出现了双顶的形态。查尔斯·道注意到，从第二个顶点开始的下跌可能会非常严重。

Dow Jones averages　**道琼斯平均指数**　道琼斯公司编制的3个市场平均指数：以30只工业公司股票为编制对象的道琼斯工业股价平均指数，以15只公用事业公司股票为编制对象的道琼斯公用事业股价平均指数，以15只交通运输业公司股票为编制对象的道琼斯运输业股价平均指数。道琼斯股价综合平均指数包括以上所有65只股票。《华尔街日报》会在每周一刊登平均指数包含的所有股票的名单，其他的投资出版物也会提供。

Dow theory　**道氏理论**　一般是指查尔斯·道在20世纪初提出的理论。道提出了许多关于股票市场的有见地的理论，并且是道琼斯股票市场平均指数的创始人。道氏理论用于观察市场趋势。该理论认为，道琼斯工业平均指数和道琼斯运输业平均指数必须都达到新的高点或低点时，市场趋势才能被确认。如今市场普遍见到的道氏理论是由威廉·彼得·汉密尔顿继承并发展起来的，他在道去世几年后成为《华尔街日报》的编辑。

earnings per share　**每股盈利**　公司的净利润（税后）除以发行在外的普通股数量。

earnings rate　**盈利率**　以美元表示的每股年度盈利金额。

earnings yield　**净收益率**　每股年度盈利与市场价格的比率。如果一只股票每股盈利为 5 美元，股价为每股 50 美元，则净收益率为 10%。有时也称为盈利价格比率。

enterprise value　企业价值　一家持续经营的公司的价值。它表示对所有者来说，公司的经济价值是多少。

fixed assets　固定资产　一个会计术语，指土地、建筑物、设备和家具等。

fundamental analysis　基本面分析　一种哲学思想。股票被看作其所代表的基本业务的部分所有权。

goodwill　商誉　一个会计术语，指资产价值与为其支付的价格之间的差额，也指公司的声誉、专利、商标、地理位置及其他赋予公司竞争优势的品质的价值。

income statement　利润表　也称为损益表或利润亏损表（P&L）。它反映公司在一个会计期间的收入和支出情况，会计期间通常是一个季度或一年。

intangibles　无形资产　一个会计术语，指难以计量的资产，如商誉、品牌和商标、租赁权和声誉等。尽管无形资产的价值很容易被公司夸大，但它们确实可能具有巨大的价值。可口可乐的品牌就是一个极具价值的无形资产的典型例子。

intrinsic value　内在价值　一家公司基于其创造利润的能力所衡量出的价值，或者对所有者而言公司的真实价值，而不是公司的股价或感知价值。

junior security　次级证券　对于公司的资产和收入的求偿权顺序相对靠后的证券。比如，普通股的求偿权顺序就在公司债券和优先股之后。

leverage　杠杆　利用债务增加购买力。

liquidation value　清算价值　一家公司出售所有资产，清偿所有债务后剩下的现金。

margin　保证金交易　借钱购买证券。

margin call　追加保证金通知　证券经纪商要求投资者弥补亏损的命令。这可能意味着投资者必须卖出部分证券以确保借入资金的安全。

margin of safety　安全边际　指投资者应当对准备进行的投资进行评估，以便为之后可能出现的差错留有余地。在选择股票、债券或创建投资组合时都应该留出空间，以应对错误或意外状况，就像工程师在设计桥梁时，实际承重能力会比预期的承重能力更强。关于如何实现安全边际，有各种各样的理论。

multiple　倍数　价格盈利比率，也是市盈率的同义词。

net current asset value　净流动资产　流动资产与流动负债之间的差额。

net income　净利润　扣除所有费用后剩下的收入。

net net　净的净资产　资产减去流动负债，再减去长期债务。

operating income　营业利润　企业正常经营收入减去除税款以外的所有费用后的收入。

overtrading　过度交易　投资者通过保证金购买的股票金额远超过谨慎评估其财力后可以购买的金额。

paper profit（loss）　账面利润（亏损）　以当前价格卖出证券时，高于或低于买入价的金额。这个金额是尚未实现的，因为投资者实际上仍然拥有该证券，所以利润或亏损只是账面上的。

par value　票面价值　用来表示公司股票初始价格的任意价格。这并不一定意味着股票最初是以这个价格上市的。

portfolio　投资组合　所有投资标的的集合。

price-to-earnings ratio　市盈率　一个计算比率，表明赚取 1 美元所必须支付的金额。市盈率是通过股价除以公司过去 12 个月的每股盈利得出的。例如，如果股票以每股 26 美元的价格出售，每股盈利为 2 美元，则市盈率为 13∶1。市盈率有时被称为倍数。

primary movements（in the stock market） 主要走势（在股票市场中） 整体市场的基本波动趋势，但其会因反向波动（见次级波动）而缓和。查尔斯·道认为，虽然不是不可能，但市场主要走势的量级很难预测。

profit and loss statement 利润表或亏损表 常被称为利润表或 P&L 表，这份会计文件是一家公司在某个特定时期内收入和支出的汇总。其与资产负债表一起，共同勾勒出了一家公司的整体财务状况。

prospectus 招股说明书 提供出售证券或共同基金要约的详细信息的文件。美国证券交易委员会通常必须在证券首次公开发行前，审核通过该文件。

proxy 委托书 授权某人（通常是公司管理层）给另一个人（通常是股东）投票的文件。

puts 看跌 技术上称为看跌期权，其赋予卖方在特定日期以特定价格出售特定数量股票的权利。看跌期权的买方应向卖方支付权利金。例如，ABC 公司 12 月 50 美元看跌期权的买方，在 12 月合约到期之前，有权在任何时候以 50 美元的价格向看跌期权的卖方出售 100 股 ABC 公司的股票。买方期望股票价格下跌，而卖方期望股票价格保持稳定，或下跌的金额低于他所收取的权利金。它与看涨期权相反。

qualitative analysis 定性分析 基于非数字因素进行的分析，如市场份额、业务地点、行业类别和知名度等。

quantitative analysis 定量分析 基于财务报表数字的分析。

secondary movements（in the stock market） 次级波动（在股票市场

中） 根据查尔斯·道的说法，作用与反作用定律表明，在市场的主要趋势中会有相反的次级波动产生，其幅度约为主要趋势的 3/8。例如，如果一只股票上涨了 10 个点，那它很有可能会回撤 4 个点。查尔斯·道认为这个规则同样适用于个股。

red herring 红鲱鱼招股书 首次公开发行公司股票的初步招股说明书。它之所以被称为"红鲱鱼"，是因为它包含了全部的风险警告，而且必须在封面印上红色的通知。

retained earnings 留存收益 尚未分配给股东，而是存放在公司金库中以供特定或一般用途的公司净利润。

return on invested capital 投资资本回报率 净利润加上利息支出，再除以总资产。

Securities and Exchange Commission（SEC）美国证券交易委员会 一个美国政府机构，管理和监督证券行业。它成立于 20 世纪 30 年代罗斯福新政时期。

Securities and Exchange Commission（SEC）documents 美国证券交易委员会文件 美国证券交易委员会要求公司在特定时间提交某些文件：10-K 表格，其是一份年度商业和财务报告；10-Q 表格，其是季度财务报告；8-K 表格，其必须在计划外的重大事件或公司变更后 15 天内提交。此外，公司必须提交年度股东大会的委托说明书、公司发生并购时的并购委托说明书及证券公开发行时的招股说明书。

senior security 高级证券 公司破产清算时，求偿权顺序优先于普通股的证券，如公司债券、优先股。

short sale 卖空 投资者出售其尚未拥有的股票，但随后投资者必须购买股票，并将其交付至借入来源。当股价可能会下跌时，一个投资者"卖空"，即表示他相信自己可以在以后以较低的价格买入该股票并获利。

split　**股票分割**　将已发行股票的数量拆分成更大的数量。在此过程中，股东持有的公司股份总比例保持不变。

total return　**总回报**　股息加上资本利得（股价增长）。

warrant　**认股权证**　一种通常与债券或优先股一起发行的证券，其赋予投资者以指定的价格购买相应数量普通股的权利，这个指定价格一般高于认股权证发行时的市场价格。认股权证可以转让，需在主要交易所进行交易。其又被称为认购权证或购股权证。

working capital　**营运资本**　流动资产减去流动负债的差额，是衡量公司实力的关键指标。

yield　**收益率**　投资者投入资金的现金回报率。它等于每股年度股息除以价格。